Colle   l

une œuvre

BEL-AMI

GUY DE MAUPASSANT

un thème

LE JOURNALISME

BALZAC, BODARD, COURRIÈRE, MANCEAUX

présentation et commentaires de Danièle Thibaut

CERTIFIÉE DE LETTRES MODERNES

© HATIER, PARIS, FÉVRIER 1994   ISSN 0184-0851   ISBN 2-218-00095-4

Les auteurs et les textes

Exploitation des textes

Guy de Maupassant
(1850-1893)

Quand *Bel-Ami* paraît en 1885, Maupassant a trente-cinq ans et quoique déjà miné par de graves problèmes de santé qui le conduiront à la folie sept ans plus tard, il est au sommet de sa puissance créatrice, auteur à succès de contes et de chroniques dont se régalent les lecteurs de plusieurs grands journaux parisiens. Cependant, la position enviée qu'il occupe dans les milieux intellectuels et mondains de la capitale lui laissent un goût d'amertume. Ambitieux jamais satisfait, séducteur jamais rassasié, jouisseur épris de luxe et de confort, Maupassant ne cesse de courir après la gloire, les femmes, l'argent, tout en mesurant l'inanité de ces désirs face à l'inéluctable mort qui est le lot de toute créature et ne cesse de hanter son esprit.

Bel-Ami

Alors, peut-être pour conjurer cet arrivisme cynique dont il se sent la proie, l'écrivain imagine un héros, *Georges Duroy*, dont il fait une caricature de lui-même. Surnommé *Bel-Ami* par les dames, Georges a la moustache retroussée de Guy et sa belle prestance. Comme lui, il est d'origine normande, aime l'argent, méprise l'amour, séduit les femmes et rêve de gloire. Maupassant, d'ailleurs, se sent si proche de son héros que, par la suite, il se fera volontiers appeler Bel-Ami, signera de ce nom plusieurs dédicaces de son livre

et baptisera *Bel-Ami* le beau yacht dont il fera l'acquisition pour naviguer sur cette Méditerranée qu'il aime tant.

Une œuvre autobiographique ?

Le roman, pourtant, n'a rien d'une autobiographie. Car si *Bel-Ami* a des points communs indéniables avec Maupassant, il est aussi un arriviste forcené qui « se sert de la presse comme un voleur se sert d'une échelle » et nage comme un poisson dans l'eau à travers les eaux troubles d'une société corrompue, dominée par les appétits de puissance et la recherche du profit. *Bel-Ami*, davantage qu'un autoportrait, est donc avant tout un fil conducteur qui permet au romancier de dénoncer les tares de la société où il vit : l'affairisme, la spéculation, le colonialisme, l'alliance contre nature de la politique et de la finance, les compromissions de certains journaux avec l'argent et le pouvoir.

La presse à l'époque de *Bel-Ami*

Car la presse des années 1880, grisée par sa puissance – 340 titres et plusieurs millions de lecteurs – est trop souvent le lieu où se croisent et s'interpénètrent les intrigues des politiciens et des financiers... Ayant travaillé pour les journaux les plus divers, Maupassant connaît bien ce milieu et lorsqu'il dépeint l'atmosphère, les méthodes et les combines de *La Vie Française*, journal où Duroy fait carrière, il rassemble toutes les observations issues de son expérience de chroniqueur affilié à des quotidiens de plusieurs tendances politiques.

Lire *Bel-Ami*, c'est donc pénétrer dans les coulisses d'un journal de l'époque et se retrouver au cœur des scandales politico-financiers qui agitèrent la société française des années 1880. Une vision cruellement lucide, servie par un style limpide, des mots justes, des images frappantes et un sens inné du dialogue qui donne une vie intense aux personnages et permet aux moins sympathiques d'entre eux d'éveiller chez le lecteur un intérêt complice.

Illustration de Ferdinand Bac (1859-1952) pour *Bel-Ami*.

PREMIÈRE PARTIE

Guy de Maupassant

BEL-AMI

1. Une rencontre providentielle

Quand la caissière lui eut rendu la monnaie de sa pièce de cent sous[1], Georges Duroy sortit du restaurant.

Comme il portait beau par nature et par pose d'ancien sous-officier, il cambra sa taille, frisa sa moustache d'un geste militaire et familier, et jeta sur les dîneurs attardés un regard rapide et circulaire, un de ces regards de joli garçon, qui s'étendent comme des coups d'épervier[2]. [...]

Lorsqu'il fut sur le trottoir, il demeura un instant immobile, se demandant ce qu'il allait faire. On était au 28 juin, et il lui restait juste en poche trois francs quarante pour finir le mois. Cela représentait deux dîners sans déjeuners, ou deux déjeuners sans dîners, au choix. [...]

Il marchait ainsi qu'au temps où il portait l'uniforme des hussards[3], la poitrine bombée, les jambes un peu entrouvertes comme s'il venait de descendre de cheval ; et il avançait brutalement dans la rue pleine de monde, heurtant les épaules, poussant les gens pour ne point se déranger de sa route. Il inclinait légèrement sur l'oreille son chapeau à haute forme assez défraîchi[4] et battait le pavé de son talon. Il avait l'air de toujours défier quelqu'un, les passants, les maisons, la ville entière, par chic de beau soldat tombé dans le civil.

Quoique habillé d'un complet de soixante francs, il gardait une certaine élégance tapageuse[5], un peu commune, réelle cependant. Grand, bien fait, blond, d'un blond châtain vaguement roussi, avec une moustache retroussée, qui semblait mousser sur sa lèvre, des yeux bleus, clairs, troués d'une pupille toute petite, des cheveux frisés naturellement, séparés

---

1. Un sou valant le vingtième d'un franc, une pièce de cent sous représente donc cinq francs.
2. Filet qu'on lance pour prendre le poisson.
3. Soldat appartenant à un régiment de cavalerie légère.
4. Qui a perdu l'éclat du neuf.
5. Voyante.

par une raie au milieu du crâne, il ressemblait bien au mauvais
30 sujet des romans populaires.

C'était une de ces soirées d'été où l'air manque dans Paris. La ville, chaude comme une étuve[6], paraissait suer dans
35 la nuit étouffante. Les égouts soufflaient par leurs bouches de granit leurs haleines empestées, et les cuisines souterraines jetaient à la rue, par
40 leurs fenêtres basses, les miasmes[7] infâmes des eaux de vaisselle et des vieilles sauces.

Les concierges, en manches de chemise, à cheval sur des
45 chaises en paille, fumaient la pipe sous des portes cochères, et les passants allaient d'un pas accablé, le front nu, le chapeau à la main. [...]

Il tourna vers la Madeleine[8] et suivit le flot de foule qui coulait accablé par la chaleur. Les grands cafés, pleins de
50 monde, débordaient sur le trottoir, étalant leur public de buveurs sous la lumière éclatante et crue de leur devanture illuminée. Devant eux, sur de petites tables carrées ou rondes, les verres contenaient des liquides rouges, jaunes, verts, bruns, de toutes les nuances ; et dans l'intérieur des carafes
55 on voyait briller les gros cylindres transparents de glace qui refroidissaient la belle eau claire.

Duroy avait ralenti sa marche, et l'envie de boire lui séchait la gorge.

Une soif chaude, une soif de soir d'été le tenait, et il pensait
60 à la sensation délicieuse des boissons froides coulant dans la bouche. Mais s'il buvait seulement deux bocks[9] dans la soirée, adieu le maigre souper du lendemain, et il les connaissait trop les heures affamées de la fin du mois.

---

6. Endroit où la température est très élevée.
7. Émanations gazeuses d'aliments en décomposition.
8. Place du 8e arrondissement de Paris, où se trouve l'église de la Madeleine.
9. Verres de bière dont la contenance est un quart de litre.

Il se dit : « Il faut que je gagne dix heures et je prendrai
65 mon bock à l'Américain[10]. Nom d'un chien ! que j'ai soif
tout de même ! » Et il regardait tous ces hommes attablés et
buvant, tous ces hommes qui pouvaient se désaltérer tant qu'il
leur plaisait. Il allait, passant devant les cafés d'un air crâne[11]
et gaillard, et il jugeait d'un coup d'œil, à la mine, à l'habit,
70 ce que chaque consommateur devait porter d'argent sur lui.
Et une colère l'envahissait contre ces gens assis et tranquil-
les. En fouillant leurs poches, on trouverait de l'or, de la
monnaie blanche et des sous. En moyenne, chacun devait
avoir au moins deux louis[12] ; ils étaient bien une centaine au
75 café ; cent fois deux louis font quatre mille francs ! Il murmurait : « Les cochons ! » tout en se dandinant avec grâce.
S'il avait pu en tenir un au coin d'une rue, dans l'ombre bien
noire, il lui aurait tordu le cou, ma foi, sans scrupule, comme
il faisait aux volailles des paysans, aux jours de grandes
80 manœuvres[13]. [...]
Comme il arrivait au coin de la place de l'Opéra, il croisa
un gros jeune homme, dont il se rappela vaguement avoir vu
la tête quelque part.
Il se mit à le suivre en cherchant dans ses souvenirs, et
85 répétant à mi-voix : « Où diable ai-je connu ce particu-
lier-là ? »
Il fouillait dans sa pensée, sans parvenir à se le rappeler ;
puis tout d'un coup, par un singulier phénomène de mémoire,
le même homme lui apparut moins gros, plus jeune, vêtu d'un
90 uniforme de hussard. Il s'écria tout haut : « Tiens, Forestier ! » et, allongeant le pas, il alla frapper sur l'épaule du
marcheur. L'autre se retourna, le regarda, puis dit :
« Qu'est-ce que vous me voulez, monsieur ? »
Duroy se mit à rire :
95 « Tu ne me reconnais pas ,
– Non.
– Georges Duroy du 6ᵉ hussards. »
Forestier tendit les deux mains :
« Ah ! mon vieux ! comment vas-tu ?

---

10. Grand café de l'époque.
11. Fier et brave.
12. Le louis était alors une pièce d'or valant
vingt francs.

13. Exercices militaires servant à entraîner
les soldats en temps de paix.

100   – Très bien et toi ?

– Oh ! moi, pas trop ; figure-toi que j'ai une poitrine de papier mâché maintenant ; je tousse six mois sur douze, à la suite d'une bronchite que j'ai attrapée à Bougival, l'année de mon retour à Paris, voici quatre ans maintenant.

105   – Tiens ! tu as l'air solide, pourtant. »

Et Forestier, prenant le bras de son ancien camarade, lui parla de sa maladie, lui raconta les consultations, les opinions et les conseils des médecins, la difficulté de suivre leurs avis dans sa position. On lui ordonnait de passer l'hiver dans le
110 Midi ; mais le pouvait-il ? Il était marié et journaliste, dans une belle situation.

« Je dirige la politique à *La Vie Française*. Je fais le Sénat[14] au *Salut*, et, de temps en temps, des chroniques littéraires pour *La Planète*. Voilà, j'ai fait mon chemin. »

115   Duroy, surpris, le regardait. Il était bien changé, bien mûri. Il avait maintenant une allure, une tenue, un costume d'homme posé, sûr de lui, et un ventre d'homme qui dîne bien. Autrefois il était maigre, mince et souple, étourdi, casseur d'assiettes, tapageur et toujours en train. En trois ans
120 Paris en avait fait quelqu'un de tout autre, de gros et de sérieux, avec quelques cheveux blancs sur les tempes, bien qu'il n'eût pas plus de vingt-sept ans.

Forestier demanda :

« Où vas-tu ? »

125   Duroy répondit :

« Nulle part, je fais un tour avant de rentrer.

– Eh bien, veux-tu m'accompagner à *La Vie Française*, où j'ai des épreuves[15] à corriger ; puis nous irons prendre un bock ensemble.

130   – Je te suis. »

Et ils se mirent à marcher en se tenant par le bras avec cette familiarité facile qui subsiste entre compagnons d'école et entre camarades de régiment.

« Qu'est-ce que tu fais à Paris ? » dit Forestier.

135   Duroy haussa les épaules :

« Je crève de faim, tout simplement. Une fois mon temps

---

14. Forestier fait des comptes rendus sur les séances du Sénat, assemblée législative élue au suffrage indirect.

15. Texte imprimé tel qu'il sort de la composition réalisée par le typographe.

fini, j'ai voulu venir ici pour... pour faire fortune ou plutôt
pour vivre à Paris ; et voilà six mois que je suis employé aux
bureaux du chemin de fer du Nord, à quinze cents francs par
140 an, rien de plus.

Forestier murmura :

« Bigre, ça n'est pas gras.

– Je te crois. Mais comment veux-tu que je m'en tire ? Je
suis seul, je ne connais personne, je ne peux me recomman-
145 der à personne. Ce n'est pas la bonne volonté qui me manque,
mais les moyens. »

Son camarade le regarda des pieds à la tête, en homme
pratique, qui juge un sujet, puis il prononça d'un ton
convaincu :

150 «Vois-tu, mon petit, tout dépend de l'aplomb, ici. Un
homme un peu malin devient plus facilement ministre que
chef de bureau. Il faut s'imposer et non pas demander. [...]

Ils arrivèrent au boulevard Poissonnière, devant une grande
porte vitrée, derrière laquelle un journal ouvert était collé sur
155 les deux faces. Trois personnes arrêtées le lisaient.

Au-dessus de la porte s'étalait, comme un appel, en grandes
lettres de feu dessinées par des flammes de gaz : *La Vie
Française*.

Forestier poussa cette porte : « Entre », dit-il. Duroy entra,
160 monta un escalier luxueux et sale que toute la rue voyait,
parvint dans une antichambre, dont les deux garçons de
bureau saluèrent son camarade, puis s'arrêta dans une sorte
de salon d'attente, poussiéreux et fripé, tendu de faux velours
d'un vert pisseux, criblé de taches et rongé par endroits,
165 comme si des souris l'eussent grignoté.

« Assieds-toi, dit Forestier, je reviens dans cinq minutes. »

Et il disparut par une des trois sorties qui donnaient dans
ce cabinet.

Une odeur étrange, particulière, inexprimable, l'odeur des
170 salles de rédaction, flottait dans ce lieu. Duroy demeurait
immobile, un peu intimidé, surpris surtout. De temps en
temps des hommes passaient devant lui, en courant, entrés
par une porte et partis par l'autre avant qu'il eût le temps de
les regarder.

175 C'étaient tantôt des jeunes gens, très jeunes, l'air affairé,
et tenant à la main une feuille de papier qui palpitait au vent

de leur course ; tantôt des ouvriers compositeurs[16], dont la blouse de toile tachée d'encre laissait voir un col de chemise bien blanc et un pantalon de drap pareil à celui des gens du
180 monde ; et ils portaient avec précaution des bandes de papier imprimé, des épreuves fraîches, tout humides. Quelquefois un petit monsieur entrait, vêtu avec une élégance trop apparente, la taille trop serrée dans la redingote, la jambe trop moulée sous l'étoffe, le pied étreint dans un soulier trop
185 pointu, quelque reporter mondain apportant les échos de la soirée.

D'autres encore arrivaient, graves, importants, coiffés de hauts chapeaux à bords plats, comme si cette forme les eût distingués du reste des hommes.
190 Forestier reparut tenant par le bras un grand garçon maigre, de trente à quarante ans, en habit noir et en cravate blanche, très brun, la moustache roulée en pointes aiguës, et qui avait l'air insolent et content de lui.

Forestier lui dit :
195 « Adieu, cher maître. »

L'autre lui serra la main :

« Au revoir, mon cher », et il descendit l'escalier en sifflotant, la canne sous le bras.

Duroy demanda :
200 « Qui est-ce ?

— C'est Jacques Rival, tu sais, le fameux chroniqueur, le duelliste[17]. Il vient de corriger ses épreuves. Garin, Montel et lui sont les trois premiers chroniqueurs d'esprit et d'actualité que nous ayons à Paris. Il gagne ici trente mille francs
205 par an pour deux articles par semaine. »

Et comme ils s'en allaient, ils rencontrèrent un petit homme à longs cheveux, gros, d'aspect malpropre, qui montait les marches en soufflant.

Forestier salua très bas.
210 « Norbert de Varenne, dit-il, le poète, l'auteur des *Soleils morts*, encore un homme dans les grands prix. Chaque conte qu'il nous donne coûte trois cents francs, et les plus longs

---

16. Typographes qui reproduisent les textes des journalistes par l'impression d'un assemblage de caractères en relief imprégnés d'encre.

17. Il règle les affaires de duel encore fréquentes à cette époque.

n'ont pas deux cents lignes. Mais entrons au Napolitain[18], je commence à crever de soif. »

215 Dès qu'ils furent assis devant la table du café, Forestier cria : « Deux bocks ! » et il avala le sien d'un seul trait, tandis que Duroy buvait la bière à lentes gorgées, la savourant et la dégustant, comme une chose précieuse et rare.

Son compagnon se taisait, semblait réfléchir, puis tout à 220 coup :

« Pourquoi n'essaierais-tu pas du journalisme ? »

L'autre, surpris, le regarda ; puis il dit :

« Mais... c'est que... je n'ai jamais rien écrit.

– Bah ! on essaie, on commence. Moi, je pourrais 225 t'employer à aller me chercher des renseignements, à faire des démarches et des visites. Tu aurais, au début, deux cent cinquante francs et tes voitures payées. Veux-tu que j'en parle au directeur ?

– Mais certainement que je veux bien.

230 – Alors, fais une chose, viens dîner chez moi demain ; j'ai cinq ou six personnes seulement, le patron, M. Walter, sa femme, Jacques Rival et Norbert de Varenne, que tu viens de voir, plus une amie[19] de Mme Forestier. Est-ce entendu ?

Duroy hésitait, rougissant, perplexe. Il murmura enfin :

235 « C'est que... je n'ai pas de tenue convenable. »

Forestier fut stupéfait.

« Tu n'as pas d'habit[20] ? Bigre ! en voilà une chose indispensable pourtant. A Paris, vois-tu, il vaudrait mieux n'avoir pas de lit que pas d'habit. »

240 Puis, tout à coup, fouillant dans la poche de son gilet, il en tira une pincée d'or, prit deux louis, les posa devant son ancien camarade, et, d'un ton cordial et familier :

« Tu me rendras ça quand tu pourras. Loue ou achète au mois, en donnant un acompte, les vêtements qu'il te faut ; 245 enfin arrange-toi, mais viens dîner à la maison, demain sept heures et demie, 17, rue Fontaine. »

Première partie, extrait du chapitre I.

---

18. Grand café situé sur les Boulevards.
19. Il s'agit de Madame de Marelle.
20. Tenue de cérémonie dont la veste comporte de longues basques ouvertes par derrière.

Comprendre le texte

1. Quels traits physiques et quelle allure Maupassant donne-t-il à son héros ? Quelles observations nous font entrevoir, derrière l'apparence physique, le personnage moral ?

2. Que nous apprend ce portrait sur le passé de Georges Duroy et sur sa situation présente ?

3. Quelles expressions et quelles images nous permettent de ressentir la chaleur accablante qui règne sur Paris et de partager la soif de Georges Duroy ?

4. Quelle idée obsède le héros ? Montrez comment son attitude et ses états d'âme reflètent cette obsession.

5. Pourquoi les deux anciens camarades ont-ils du mal à se reconnaître ? Quelles transformations se sont opérées chez Forestier en quelques années ?

6. Quels différents types de personnages traversent la salle d'attente du journal (l. 169 à 189) ? Par quelles indications variées l'auteur nous permet-il de deviner les fonctions de chacun d'eux.

7. Comment se nomment les deux journalistes mentionnés par Forestier (l. 201 à 214). Par quels détails nous fait-il comprendre leur importance au sein du journal ? Quelles rubriques occupents-ils ? Ces rubriques existent-elles encore dans nos quotidiens actuels ?

8. Quelles sont les réactions successives de Duroy face à la proposition de son camarade ? En quoi Forestier se montre-t-il doublement généreux ?

Analyser les techniques d'écriture

L'art du portrait

En relisant le portrait de Georges Duroy qui ouvre ce roman, recensez les procédés employés par Maupassant pour nous présenter son héros sous différents aspects, sans nous ennuyer et tout en faisant démarrer l'action.

L'exploitation d'un thème : l'argent

Modeste employé de bureau, Georges Duroy ne se résigne pas à son sort et Maupassant, pour nous faire ressentir cette frustration, multiplie les notations de prix et de salaires.

– Relevez ces différentes indications, en soulignant les prétextes qui permettent à l'auteur de les insérer habilement dans la trame du récit.

S'exprimer

Débat : les canons de la beauté masculine

Georges Duroy, tel qu'il est décrit ici, représente l'idéal masculin des années 1880. Relisez la première page de ce récit et dégagez les principaux traits physiques qui font de Georges un « beau garçon » selon les critères de son époque.

Comparez ensuite cet idéal à celui d'aujourd'hui tel qu'il apparaît dans les magazines de mode, de sport, et sur les photos publicitaires. Quelle évolution notez-vous dans les canons de la beauté masculine ?

Se documenter

Paris au temps de Maupassant

Complétez les observations qui émaillent ce premier chapitre par l'examen de vieilles cartes postales montrant le Paris de la « Belle Époque » et en consultant les ouvrages mentionnés dans la bibliographie ci-dessous.

– Quelles similitudes et quelles différences remarquez-vous entre le Paris de cette époque et celui de la fin du XXᵉ siècle ?

● **Bibliographie**

– *Paris de la préhistoire à nos jours*. Ouvrage collectif, illustré par des gravures, tableaux, plans et photos (éd. Bordessoules, Saint-Jean d'Angely, 1985).

– *Paris-Guide*. Paris décrit par les principaux écrivains et artistes de la France dont Edmond About, Théodore de Banville, Paul Féval, Nadar, George Sand (éd. Maspero, 1983).

– *Vie quotidienne des Français à l'âge d'or du capitalisme, 1852-1879*. Ce livre fourmille de renseignements sur l'alimentation, l'hygiène, l'habillement, les cafés, les bals, les théâtres... (Pierre Guiral, éd. Hachette, 1976).

2. Premiers pas dans le monde

« Monsieur Forestier, s'il vous plaît ?
 – Au troisième, la porte à gauche. »
Le concierge avait répondu cela d'une voix aimable où apparaissait une considération pour son locataire. Et Georges Duroy monta l'escalier.

Il était un peu gêné, intimidé, mal à l'aise. Il portait un habit pour la première fois de sa vie, et l'ensemble de sa toilette l'inquiétait. Il la sentait défectueuse en tout, par les bottines non vernies mais assez fines cependant, car il avait la coquetterie du pied, par la chemise de quatre francs cinquante achetée le matin même au Louvre[1], et dont le plastron trop mince se cassait déjà. Ses autres chemises, celles de tous les jours, ayant des avaries[2] plus ou moins graves, il n'avait pu utiliser même la moins abîmée.

Son pantalon, un peu trop large, dessinait mal la jambe, semblait s'enrouler autour du mollet, avait cette apparence fripée que prennent les vêtements d'occasion sur les membres qu'ils recouvrent par aventure. Seul, l'habit n'allait pas mal, s'étant trouvé à peu près juste pour la taille.

Il montait lentement les marches, le cœur battant, l'esprit anxieux, harcelé surtout par la crainte d'être ridicule ; et, soudain, il aperçut en face de lui un monsieur en grande toilette qui le regardait. Ils se trouvaient si près l'un de l'autre que Duroy fit un mouvement en arrière, puis il demeura stupéfait : c'était lui-même, reflété par une haute glace en pied qui formait sur le palier du premier une longue perspective de galerie. Un élan de joie le fit tressaillir, tant il se jugea mieux qu'il n'aurait cru.

N'ayant chez lui que son petit miroir à barbe, il n'avait pu se contempler entièrement, et comme il n'y voyait que fort

---

1. Grand magasin de l'époque située sur la place du Palais royal.   2. Trous ou déchirures.

mal les diverses parties de sa toilette improvisée, il s'exagé-
rait les imperfections, s'affolait à l'idée d'être grotesque.
　　Mais voilà qu'en s'apercevant brusquement dans la glace,
il ne s'était pas même reconnu ; il s'était pris pour un autre,
35　pour un homme du monde, qu'il avait trouvé fort bien, fort
chic, au premier coup d'œil.
　　Et maintenant, en se regardant avec soin, il reconnaissait
que, vraiment, l'ensemble était satisfaisant.
　　Alors il s'étudia comme font les acteurs pour apprendre
40　leurs rôles. Il se sourit, se tendit la main, fit des gestes,
exprima des sentiments : l'étonnement, le plaisir, l'approbation ; et il chercha les degrés du sourire et les intentions de
l'œil pour se montrer galant auprès des dames, leur faire
comprendre qu'on les admire et qu'on les désire. [...]
45　En arrivant au second étage, il aperçut une autre glace et
il ralentit sa marche pour se regarder passer. Sa tournure lui
parut vraiment élégante. Il marchait bien. Et une confiance
immodérée en lui-même emplit son âme. Certes, il réussirait
avec cette figure-là et son désir d'arriver, et la résolution
50　qu'il se connaissait et l'indépendance de son esprit. Il avait
envie de courir, de sauter en gravissant le dernier étage. Il
s'arrêta devant la troisième glace, frisa sa moustache d'un
mouvement qui lui était familier, ôta son chapeau pour rajus-
ter sa chevelure, et murmura à mi-voix, comme il faisait
55　souvent : « Voilà une excellente invention. » Puis, tendant la
main vers le timbre, il sonna.
　　La porte s'ouvrit presque aussitôt, et il se trouva en présence d'un valet en habit noir, grave, rasé, si parfait de tenue
que Duroy se troubla de nouveau sans comprendre d'où lui
60　venait cette vague émotion : d'une inconsciente comparaison,
peut-être, entre la coupe de leurs vêtements. Ce laquais, qui
avait des souliers vernis, demanda en prenant le pardessus
que Duroy tenait sur son bras par peur de montrer les taches :
« Qui dois-je annoncer ? »
65　Et il jeta le nom derrière une porte soulevée, dans un salon
où il fallait entrer.
　　Mais Duroy, tout à coup perdant son aplomb, se sentit
perclus[3] de crainte, haletant. Il allait faire son premier pas
dans l'existence attendue, rêvée. Il s'avança, pourtant. Une
70　jeune femme blonde était debout qui l'attendait, toute seule,

3. Paralysé.

dans une grande pièce bien éclairée et pleine d'arbustes, comme une serre.

Il s'arrêta net, tout à fait déconcerté. Quelle était cette dame qui souriait ? Puis il se souvint que Forestier était
75 marié ; et la pensée que cette jolie blonde élégante devait être la femme de son ami acheva de l'effarer.

Il balbutia : « Madame, je suis... » Elle lui tendit la main : « Je le sais, monsieur. Charles m'a raconté votre rencontre d'hier soir, et je suis très heureuse qu'il ait eu la bonne ins-
80 piration de vous prier de dîner avec nous aujourd'hui. »

Il rougit jusqu'aux oreilles, ne sachant plus que dire ; et il se sentait examiné, inspecté des pieds à la tête, pesé, jugé.

Il avait envie de s'excuser, d'inventer une raison pour expliquer les négligences de sa toilette ; mais il ne trouva
85 rien, et n'osa pas toucher à ce sujet difficile.

Il s'assit sur un fauteuil qu'elle lui désignait, et quand il sentit plier sous lui le velours élastique et doux du siège, quand il se sentit enfoncé, appuyé, étreint par ce meuble caressant dont le dossier et les bras capitonnés[4] le soutenaient
90 délicatement, il lui sembla qu'il entrait dans une vie nouvelle et charmante, qu'il prenait possession de quelque chose de délicieux, qu'il devenait quelqu'un, qu'il était sauvé ; et il regarda Mme Forestier dont les yeux ne l'avaient point quitté.

Elle était vêtue d'une robe de cachemire[5] bleu pâle qui
95 dessinait bien sa taille souple et sa poitrine grasse.

La chair des bras et de la gorge sortait d'une mousse de dentelle blanche dont étaient garnis le corsage et les courtes manches ; et les cheveux relevés au sommet de la tête, frisant un peu sur la nuque, faisaient un léger nuage de duvet blond
100 au-dessus du cou. [...]

Elle avait les yeux gris, d'un gris azuré qui en rendait étrangement l'expression, le nez mince, les lèvres fortes, le menton un peu charnu, une figure irrégulière et séduisante, pleine de gentillesse et de malice. C'était un de ces visages
105 de femme dont chaque ligne révèle une grâce particulière, semble avoir une signification, dont chaque mouvement paraît dire ou cacher quelque chose.

---

4. Rembourrés.

5. Tissu mêlant la laine et le poil de chèvre du Cachemire (en Inde).

Après un court silence, elle lui demanda :
« Vous êtes depuis longtemps à Paris ? »

110 Il répondit, en reprenant peu à peu possession de lui :
« Depuis quelques mois seulement, madame. J'ai un emploi dans les chemins de fer ; mais Forestier m'a laissé espérer que je pourrais, grâce à lui, pénétrer dans le journalisme. »

115 Elle eut un sourire plus visible, plus bienveillant ; et elle murmura en baissant la voix : » Je sais. »

[...]

Le domestique cria :
« Madame est servie ! »

120 Et on passa dans la salle à manger.

Duroy se trouvait placé entre Mme de Marelle et sa fille. Il se sentait de nouveau gêné, ayant peur de commettre quelque erreur dans le maniement conventionnel[6] de la fourchette, de la cuiller ou des verres. Il y en avait quatre, dont un 125 légèrement teinté de bleu. Que pouvait-on boire dans celui-là ?

On ne dit rien pendant qu'on mangeait le potage, puis Norbert de Varenne demanda : « Avez-vous lu ce procès Gauthier ? Quelle drôle de chose ! »

130 Et on discuta sur le cas d'adultère compliqué de chantage. On n'en parlait point comme on parle, au sein des familles, des événements racontés dans les feuilles publiques, mais comme on parle d'une maladie entre médecins ou de légumes entre fruitiers. On ne s'indignait pas, on ne s'étonnait pas des 135 faits ; on en cherchait les causes profondes, secrètes, avec une curiosité professionnelle et une indifférence absolue pour le crime lui-même. [...]

Le dîner était fort bon, et chacun s'extasiait. M. Walter mangeait comme un ogre, ne parlait presque pas, et considé-140 rait d'un regard oblique, glissé sous ses lunettes, les mets qu'on lui présentait. Norbert de Varenne lui tenait tête et laissait tomber parfois des gouttes de sauce sur son plastron de chemise.

Forestier, souriant et sérieux, surveillait, échangeait avec 145 sa femme des regards d'intelligence[7], à la façon de compères accomplissant ensemble une besogne difficile et qui marche à souhait.

---

6. Conforme aux usages du monde.   7. Compréhension, complicité.

« Dîner mondain », peinture de Paul Chabas.

Les visages devenaient rouges, les voix s'enflaient. De moment en moment, le domestique murmurait à l'oreille des
150 convives : « Corton[8] – Château-Laroze[9] ? »

Duroy avait trouvé le Corton de son goût et il laissait chaque fois emplir son verre. Une gaieté délicieuse entrait en lui ; une gaieté chaude, qui lui montait du ventre à la tête, lui courait dans les membres, le pénétrait tout entier. Il se
155 sentait envahi par un bien-être complet, un bien-être de vie et de pensée, de corps et d'âme.

Et une envie de parler lui venait, de se faire remarquer, d'être écouté, apprécié comme ces hommes dont on savourait les moindres expressions.

160 Mais la causerie qui allait sans cesse, accrochant les idées les unes aux autres, sautant d'un sujet à l'autre sur un mot, un rien, après avoir fait le tour des événements du jour et avoir effleuré, en passant, mille questions, revint à la grande

8. Vin renommé de Bourgogne.   9. Vin renommé de Bordeaux.

21

interpellation[10] de M. Morel sur la colonisation de l'Algérie.
165 M. Walter, entre deux services, fit quelques plaisanteries,
car il avait l'esprit sceptique et gras. Forestier raconta son
article du lendemain. Jacques Rival réclama un gouvernement
militaire avec des concessions de terre accordées à tous les
officiers après trente années de service colonial. [...]
170 Georges Duroy ouvrit la bouche et prononça, surpris par
le son de sa voix, comme s'il ne s'était jamais entendu
parler :
« Ce qui manque le plus là-bas, c'est la bonne terre. Les
propriétés vraiment fertiles coûtent aussi cher qu'en France,
175 et sont achetées, comme placements de fonds, par des Parisiens très riches. Les vrais colons, les pauvres, ceux qui s'exi-
lent faute de pain, sont rejetés dans le désert, où il ne pousse
rien, par manque d'eau. »
Tout le monde le regardait. Il se sentit rougir. M. Walter
180 demanda :
« Vous connaissez l'Algérie, monsieur ? »
Il répondit :
« Oui, monsieur, j'y suis resté vingt-huit mois, et j'ai
séjourné dans les trois provinces[11]. » [...]
185 Il parla avec une certaine verve hâbleuse[12], excité par le
vin et par le désir de plaire ; il raconta des anecdotes de
régiment, des traits de la vie arabe, des aventures de guerre.
Il trouva même quelques mots colorés pour exprimer ces
contrées jaunes et nues, interminablement désolées sous la
190 flamme dévorante du soleil.
Toutes les femmes avaient les yeux sur lui. Mme Walter
murmura de sa voix lente : « Vous feriez avec vos souvenirs
une charmante série d'articles » Alors Walter considéra le
jeune homme par-dessus le verre de ses lunettes, comme il
195 faisait pour bien voir les visages. Il regardait les plats par-
dessous.
Forestier saisit le moment :
« Mon cher patron, je vous ai parlé tantôt de M. Georges
Duroy, en vous demandant de me l'adjoindre pour le service
200 des informations politiques. Depuis que Marambot nous a

---

10. Demande d'explication adressée au
gouvernement par un député.
11. Ainsi que son héros, Maupassant

connaît bien la question, ayant voyagé en
Algérie comme grand reporter en 1881.
12. Vivacité vantarde.

quittés, je n'ai personne pour aller prendre des renseignements urgents et confidentiels et le journal en souffre. »
　　Le père Walter devint sérieux et releva tout à fait ses
lunettes pour regarder Duroy bien en face. Puis il dit :
205　　« Il est certain que M. Duroy a un esprit original. S'il veut
bien venir causer avec moi, demain à trois heures, nous arran-
gerons ça. »
　　Puis, après un silence, et se tournant tout à fait vers le
jeune homme :
210　　« Mais faites-nous tout de suite une petite série fantaisiste
sur l'Algérie. Vous raconterez vos souvenirs, et vous mêlerez
à ça la question de la colonisation, comme tout à l'heure.
C'est d'actualité, tout à fait d'actualité, et je suis sûr que ça
plaira beaucoup à nos lecteurs. Mais dépêchez-vous ! Il me
215　faut le premier article pour demain ou après-demain, pendant
qu'on discute à la Chambre, afin d'amorcer le public. »
　　Mme Walter ajouta, avec cette grâce sérieuse qu'elle met-
tait en tout et qui donnait un air de faveurs à ses paroles :
　　« Et vous avez un titre charmant : *Souvenirs d'un Chasseur*
220　*d'Afrique.* »

Première partie, extrait du chapitre II.

Comprendre le texte

1. De quels éléments se compose la tenue « habillée » de Duroy ?

2. Étudiez le rôle essentiel du miroir : quel changement se produit
chez Duroy au fur et à mesure qu'il gravit l'escalier de l'immeuble ?

3. Quelles attitudes de Duroy nous révèlent qu'il n'a pas l'habitude
d'aller dans le monde ?

4. Par quels yeux est vue Mme Forestier ? Quelle impression se
dégage de ce portrait sur le plan physique et moral ?

5. Quelles différences de comportement notez-vous entre les
convives réunis autour de cette table ? Que pouvez-vous en déduire
sur les objectifs de chacun ?

6. Par quels procédés Duroy réussit-il à intéresser l'auditoire à
propos de l'Algérie ? Quelle expérience met-il à profit ? Comment
réagissent M. Walter d'une part et les dames d'autre part ?

7. Pourquoi M. Walter semble-t-il si pressé de publier un article sur
l'Algérie ?

Analyser les techniques d'écriture

Le dialogue avec soi-même

Exploitant le miroir qui se trouve à chaque étage de l'immeuble des Forestier, Maupassant instaure à trois reprises un face-à-face entre Duroy, tel qu'il se croit, et Duroy, tel qu'il se voit.
– Relevez ces passages. Quelle progression observez-vous, d'un étage à l'autre, dans le dialogue que le héros a engagé avec lui-même ? Qu'apprenons-nous sur la personnalité de Georges Duroy ?

Étudier le vocabulaire

Le champ lexical de l'émotion

Voulant nous faire partager les états d'âme de Georges Duroy au moment où il accomplit sa première visite mondaine, Maupassant réussit, grâce à l'emploi d'un vocabulaire varié, à traduire toute la gamme des émotions éprouvées par son héros.
– Relevez les mots (l. 6 à 95) qui dépeignent les sentiments successifs de Georges lors de sa visite chez les Forestier.

Étudier la grammaire

L'emploi du pronom « on »

Retrouvez le passage de ce texte où ce pronom est abondamment utilisé. Qui désigne-t-il, selon les cas ? Quel effet veut obtenir l'auteur en multipliant son emploi dans le même paragraphe ?

S'exprimer

Rédaction : Vaincre sa timidité

Lequel d'entre nous n'a pas connu un jour les affres vécues par Georges Duroy ? Les occasions sont nombreuses : arrivée dans une classe nouvelle, participation à un stage, un concours, une cérémonie, une réunion où l'on ne connaît personne...
– Évoquez l'un de ces événements en utilisant les techniques de Maupassant : description des émotions successives à l'aide d'un vocabulaire varié, observation du milieu et adaptation progressive à une situation qui vous intimidait au départ.

Se documenter

La colonisation de l'Algérie

Elle commence presque par hasard en 1830, quand le gouvernement français y envoie un corps expéditionnaire pour punir le dey[1] d'Alger d'un affront fait au consul de France. Représentant l'Empire turc, alors en pleine décadence, ce dey n'a pas d'autorité réelle sur le pays et sa chute n'entraîne guère de remous. Les troupes françaises occupent donc sans problème les principales villes de la côte.

De la part du gouvernement de Louis-Philippe, au début, il n'y a pas une véritable volonté de colonisation, mais plusieurs révoltes indigènes, émanant de tribus arabes ou berbères, vont amener les Français à conquérir peu à peu l'intérieur de l'Algérie. Cette occupation militaire sera consolidée, à partir de 1840, par l'établissement de colons qui commencent à cultiver les plaines fertiles autour de Bône, Alger et Oran.

L'année 1871 correspond à une nouvelle vague de colonisation. Humiliée par sa défaite devant l'Allemagne qui la prive de l'Alsace et d'une partie de la Lorraine, la France cherche par compensation à étendre son influence dans le monde. En Algérie, le gouvernement français décide d'envoyer 5 000 Alsaciens et Lorrains qui ont refusé de subir le joug allemand. Mais, comme le précise Maupassant dans ce chapitre, ces pauvres gens reçoivent de mauvaises terres, alors que les terres fertiles sont achetées par des capitalistes parisiens qui les font fructifier de loin par fermiers interposés.

En l'espace de dix ans, 475 000 hectares sont ainsi colonisés et 15 000 immigrants installés. Cependant, comme beaucoup de terres allouées ont été confisquées à des tribus kabyles, celles-ci se révoltent de nouveau... et il faut envoyer des troupes pour les mater. À Paris, les députés ne sont pas toujours d'accord sur cette politique de colonisation. Ceux qu'on appelle les « Nationalistes » préféreraient qu'on prépare la revanche contre « l'ennemi héréditaire » (l'Allemagne) plutôt que d'aller gaspiller des troupes dans la lointaine Algérie. À l'inverse, ceux des députés qui sont liés aux milieux d'affaires, penchent pour une accélération de la colonisation qui permettrait aux capitalistes d'investir dans ce pays neuf... D'où des discussions passionnées auxquelles nous assistons lors du dîner chez les Forestier.

– À votre avis, quelles est la position de M. Walter et de *La Vie Française* sur la question de l'Algérie ? Sur ce thème, vous pouvez lire *La vie quotidienne des Français en Algérie (1830-1914)*, Marc Bardi, éd. Hachette.

---

1. Ancien Chef du gouvernement d'Alger.

3. L'angoisse de la page blanche

Quand Georges Duroy se retrouva dans la rue, il hésita sur ce qu'il ferait. Il avait envie de courir, de rêver, d'aller devant lui en songeant à l'avenir et en respirant l'air doux de la nuit ; mais la pensée de la série d'articles demandés par le père
5 Walter le poursuivait, et il se décida à rentrer tout de suite pour se mettre au travail.

Il revint à grands pas, gagna le boulevard extérieur, et le suivit jusqu'à la rue Boursault qu'il habitait. Sa maison, haute de six étages, était peuplée par vingt petits ménages ouvriers
10 et bourgeois, et il éprouva en montant l'escalier, dont il éclairait avec des allumettes-bougies les marches sales où traînaient des bouts de papier, des bouts de cigarettes, des épluchures de cuisine, une écœurante sensation de dégoût et une hâte de sortir de là, de loger comme les hommes riches, en
15 des demeures propres, avec des tapis. Une odeur lourde de nourriture, de fosse d'aisances et d'humanité, une odeur stagnante de crasse et de vieille muraille, qu'aucun courant d'air n'eût pu chasser de ce logis, l'emplissait du haut en bas.

La chambre du jeune homme, au cinquième étage, donnait,
20 comme sur un abîme profond, sur l'immense tranchée du chemin de fer de l'Ouest, juste au-dessus de la sortie du tunnel, près de la gare des Batignolles. Duroy ouvrit sa fenêtre et s'accouda sur l'appui de fer rouillé. [...]

Puis il se dit : « Allons, au travail ! » Il posa sa lumière
25 sur sa table ; mais au moment de se mettre à écrire, il s'aperçut qu'il n'avait chez lui qu'un cahier de papier à lettres.

Tant pis, il l'utiliserait en ouvrant la feuille dans toute sa grandeur. Il trempa sa plume dans l'encre et écrivit en tête, de sa plus belle écriture :

30 *Souvenirs d'un Chasseur d'Afrique.*

Puis il chercha le commencement de la première phrase.

Illustration de Jean-Émile Laboureur (1877-1943)
pour *Bel-Ami*, édition de 1934.

Il restait le front dans sa main, les yeux fixés sur le carré blanc déployé devant lui.

Qu'allait-il dire ? Il ne trouvait plus rien maintenant de ce
35 qu'il avait raconté tout à l'heure, pas une anecdote, pas un fait, rien. Tout à coup il pensa : « Il faut que je débute par mon départ. » Et il écrivit : « C'était en 1874, aux environs du 15 mai, alors que la France épuisée se reposait après les catastrophes de l'année terrible... »

40 Et il s'arrêta net, ne sachant comment amener ce qui suivrait, son embarquement, son voyage, ses premières émotions.

Après dix minutes de réflexions il se décida à remettre au lendemain la page préparatoire du début, et à faire tout de
45 suite une description d'Alger.

Et il traça sur son papier : « Alger est une ville toute blanche... » sans parvenir à énoncer autre chose. Il revoyait en souvenir la jolie cité claire, dégringolant, comme une cascade de maisons plates, du haut de sa montagne dans la mer,
50 mais il ne trouvait plus un mot pour exprimer ce qu'il avait vu, ce qu'il avait senti.

Après un grand effort, il ajouta : « Elle est habitée en partie par des Arabes... » Puis il jeta sa plume sur la table et se leva.

55 Sur son petit lit de fer, où la place de son corps avait fait un creux, il aperçut ses habits de tous les jours jetés là, vides, fatigués, flasques[1], vilains comme des hardes[2] de la Morgue[3]. Et, sur une chaise de paille, son chapeau de soie, son unique chapeau, semblait ouvert pour recevoir l'aumône.

60 Ses murs, tendus d'un papier gris à bouquets bleus, avaient autant de taches que de fleurs, des taches anciennes, suspectes, dont on n'aurait pu dire la nature, bêtes écrasées ou gouttes d'huile, bouts de doigts graissés de pommade ou écume de la cuvette projetée pendant les lavages. Cela
65 sentait la misère honteuse, la misère en garni de Paris. Et une exaspération le souleva contre la pauvreté de sa vie. Il se dit qu'il fallait sortir de là, tout de suite, qu'il allait

---

1. Dont le tissu, de mauvaise qualité, n'a pas de tenue.
2. Vêtements pauvres et usagés.
3. Lieu où l'on entrepose les cadavres non identifiés.

en finir dès le lendemain avec cette existence besogneuse.

Une ardeur de travail l'ayant soudain ressaisi, il se rassit
70 devant sa table, et recommença à chercher des phrases pour
bien raconter la physionomie étrange et charmante d'Alger,
cette antichambre de l'Afrique mystérieuse et profonde. [...]

Il sentait vaguement des pensées lui venir ; il les aurait
dites, peut-être, mais il ne les pouvait point formuler avec
75 des mots écrits. Et son impuissance l'enfiévrant, il se leva
de nouveau, les mains humides de sueur et le sang battant
aux tempes.

Et ses yeux étant tombés sur la note de sa blanchisseuse,
montée, le soir même, par le concierge, il fut saisi brusque-
80 ment par un désespoir éperdu. Toute sa joie disparut en une
seconde avec sa confiance en lui et sa foi dans l'avenir.
C'était fini ; tout était fini, il ne ferait rien ; il ne serait rien ;
il se sentait vide, incapable, inutile, condamné.

Et il retourna s'accouder à la fenêtre, juste au moment où
85 un train sortait du tunnel avec un bruit subit et violent. Il
s'en allait là-bas, à travers les champs et les plaines, vers la
mer. Et le souvenir de ses parents entra au cœur de Duroy.

Il allait passer près d'eux, ce convoi[4], à quelques lieues
seulement de leur maison. Il la revit, la petite maison, au haut
90 de la côte, dominant Rouen et l'immense vallée de la Seine,
à l'entrée du village de Canteleu.

Son père et sa mère tenaient un petit cabaret, une guin-
guette[5] où les bourgeois des faubourgs venaient déjeuner le
dimanche : *À la Belle-Vue*. Ils avaient voulu faire de leur fils
95 un monsieur et l'avaient mis au collège. Ses études finies et
son baccalauréat manqué, il était parti pour le service avec
l'intention de devenir officier, colonel, général. Mais dégoûté
de l'état militaire bien avant d'avoir fini ses cinq années, il
avait rêvé de faire fortune à Paris.

100 Il y était venu, son temps expiré, malgré les prières du père
et de la mère, qui, leur songe envolé, voulaient le garder
maintenant. À son tour, il espérait un avenir ; il entrevoyait
le triomphe au moyen d'événements encore confus dans son
esprit, qu'il saurait assurément faire naître et seconder.
105 [...]

---

4. Il s'agit des wagons du train.

5. Café populaire où l'on consomme et l'on
danse, les jours de fête.

Comprenant qu'il ne réussira pas à écrire tout seul son pre-
mier article, Georges Duroy retourne chez son ami Forestier
pour lui demander de l'aide. Mais ce dernier prétend man-
quer de temps et conseille au débutant de s'adresser à sa
femme Madeleine.

Elle était assise sur un fauteuil de bureau, dans une petite
pièce dont les murs se trouvaient entièrement cachés par des
livres bien rangés sur des planches de bois noir. Les reliures
de tons différents, rouges, jaunes, vertes, violettes, et bleues,
110 mettaient de la couleur et de la gaieté dans cet alignement
monotone de volumes.
   Elle se retourna, souriant toujours, enveloppée d'un pei-
gnoir blanc garni de dentelle ; et elle tendit sa main, montrant
son bras nu dans la manche largement ouverte. [...]
115   « Asseyez-vous et parlez. »
   Elle maniait entre deux doigts une plume d'oie[6] en la tournant agilement ; et, devant elle, une grande page de papier
demeurait écrite à moitié, interrompue à l'arrivée du jeune
homme.
120   Elle avait l'air chez elle devant cette table de travail, à
l'aise comme dans son salon, occupée à sa besogne ordinaire. [...]
   Il murmura, en hésitant :
   « Voilà... mais vraiment... je n'ose pas... C'est que j'ai
125 travaillé hier soir très tard... et ce matin... très tôt... pour faire
cet article sur l'Algérie que M. Walter m'a demandé... et je
n'arrive à rien de bon... j'ai déchiré tous mes essais... Je n'ai
pas l'habitude de ce travail-là, moi ; et je venais demander à
Forestier de m'aider... pour un fois... »
130   Elle l'interrompit, en riant de tout son cœur, heureuse,
joyeuse et flattée :
   « Et il vous a dit de venir me trouver ?... C'est gentil ça...
   – Oui, madame. Il m'a dit que vous me tireriez
d'embarras mieux que lui... Mais, moi, je n'osais pas, je ne
135 voulais pas. Vous comprenez ? »
   Elle se leva :
   « Ça va être charmant de collaborer comme ça. Je suis
ravie de votre idée. Tenez, asseyez-vous à ma place, car

---

6. Grande plume d'oie dont le tuyau taillé en biseau servait à écrire.

Illustration
de Ferdinand Bac
(1859-1952)
pour *Bel-Ami*.

on connaît mon écriture
140 au journal. Et nous allons
vous tourner un article,
mais là, un article à succès. »

Il s'assit, prit une plume, étala devant lui une feuille de
papier et attendit.

145 Mme Forestier, restée debout, le regardait faire ses prépa-
ratifs ; puis elle atteignit une cigarette sur la cheminée et
l'alluma :

« Je ne puis pas travailler sans fumer, dit-elle. Voyons,
qu'allez-vous raconter ?

150 Il leva la tête vers elle avec étonnement.

« Mais je ne sais pas, moi, puisque je suis venu vous trouver pour ça. »

Elle reprit :

« Oui, je vous arrangerai la chose. Je ferai la sauce, mais
155 il me faut le plat. »

Il demeurait embarrassé ; enfin il prononça avec hésitation :

« Je voudrais raconter mon voyage depuis le commencement... »

160 Alors elle s'assit, en face de lui, de l'autre côté de la grande table, et le regardant dans les yeux :

« Eh bien, racontez-le-moi d'abord, pour moi toute seule, vous entendez, bien doucement, sans rien oublier, et je choisirai ce qu'il faut prendre. »

165 Mais comme il ne savait par où commencer, elle se mit à l'interroger comme aurait fait un prêtre au confessionnal, posant des questions précises qui lui rappelaient des détails oubliés, des personnages rencontrés, des figures seulement aperçues.

170 Quand elle l'eut contraint à parler ainsi pendant un petit quart d'heure, elle l'interrompit tout à coup : « Maintenant, nous allons commencer. D'abord, nous supposons que vous adressez à un ami vos impressions, ce qui vous permet de dire un tas de bêtises, de faire des remarques de toute espèce,

175 d'être naturel et drôle, si nous pouvons. Commencez :

« Mon cher Henry, tu veux savoir ce que c'est que l'Algérie, tu le sauras. Je vais t'envoyer, n'ayant rien à faire dans la petite case de boue sèche qui me sert d'habitation, une sorte de journal de ma vie, jour par jour, heure par heure. Ce

180 sera un peu vif quelquefois, tant pis, tu n'es pas obligé de le montrer aux dames de ta connaissance... »

Elle s'interrompit pour rallumer sa cigarette éteinte, et, aussitôt, le petit grincement criard de la plume d'oie sur le papier s'arrêta.

185 « Nous continuons, dit-elle. [...]

Elle se leva et se mit à marcher, après avoir allumé une autre cigarette, et elle dictait, en soufflant des filets de fumée qui sortaient d'abord tout droit d'un petit trou rond au milieu de ses lèvres serrées, puis s'élargissant, s'évaporaient en lais-

190 sant par places, dans l'air, des lignes grises, une sorte de brume transparente, une buée pareille à des fils d'araignée. Parfois, d'un coup de sa main ouverte, elle effaçait ces traces légères et plus persistantes ; parfois aussi elle les coupait d'un mouvement tranchant de l'index et regardait ensuite, avec

195 une attention grave, les deux tronçons d'imperceptible vapeur disparaître lentement.

Et Duroy, les yeux levés, suivait tous ses gestes, toutes ses attitudes, tous les mouvements de son corps et de son visage occupés à ce jeu vague qui ne prenait point sa pensée.

200 Elle imaginait maintenant les péripéties[7] de la route, portraiturait[8] des compagnons de voyage inventés par elle, et ébauchait une aventure d'amour avec la femme d'un capitaine d'infanterie qui allait rejoindre son mari.

Puis, s'étant assise, elle interrogea Duroy sur la topogra-
205 phie[9] de l'Algérie, qu'elle ignorait absolument. En dix minutes, elle en sut autant que lui, et elle fit un petit chapitre de géographie politique et coloniale pour mettre le lecteur au courant et le bien préparer à comprendre les questions sérieuses qui seraient soulevées dans les articles suivants.

210 Puis elle continua par une excursion dans la province d'Oran, une excursion fantaisiste, où il était surtout question des femmes, des Mauresques, des Juives, des Espagnoles[10].

« Il n'y a que ça qui intéresse », disait-elle.

Elle termina par un séjour à Saïda, au pied des hauts pla-
215 teaux, et par une jolie petite intrigue entre le sous-officier Georges Duroy et une ouvrière espagnole employée à la manufacture d'alfa[11] de Aïn-el-Hadjar. Elle racontait les rendez-vous, la nuit, dans la montagne pierreuse et nue, alors que les chacals, les hyènes[12] et les chiens arabes crient,
220 aboient et hurlent au milieu des rocs.

Et elle prononça d'une voix joyeuse : « La suite à demain ! » Puis, se relevant : « C'est comme ça qu'on écrit un article, mon cher monsieur. Signez, s'il vous plaît. »

Il hésitait.

225 « Mais signez donc ! »

Alors, il se mit à rire, et écrivit au bas de la page :
« GEORGES DUROY. »

Première partie, extrait du chapitre III.

---

7. Événements qui changent le cours d'un récit ou d'un voyage.
8. Faire le portrait.
9. Description de la configuration d'un lieu avec indication de son relief.
10. À la fin du XVe siècle, quand la reine d'Espagne, Isabelle la Catholique, contraignit les Juifs et les Maures à se convertir au catholicisme, une partie de ces populations s'installa au Maroc ou en Algérie.
11. Plante herbacée d'Afrique du Nord dont les feuilles servent à fabriquer des paniers, des nattes ou des chapeaux.
12. Les chacals et les hyènes sont des mammifères carnassiers dont le point commun est de se nourrir de charognes.

Comprendre le texte

1. Quelle impression nous donne l'immeuble habité par Georges Duroy ? Relevez quelques expressions frappantes.

2. Quels détails, parfois comiques, révèlent que Duroy est un écrivain débutant ? Que pensez-vous de ses phrases d'introduction ? Ont-elles un style journalistique ?

3. Pour quelles raisons Duroy ne parvient-il pas à transcrire des souvenirs si clairs dans son esprit et si bien racontés lors du dîner chez les Forestier ?

4. À plusieurs reprises, dans ce passage, les objets qui environnent Duroy influent sur son état d'âme : citez ces objets et expliquez pourquoi ils déclenchent chez le héros des sentiments violents, parfois opposés.

5. Quel fait permet à Maupassant d'introduire naturellement l'évocation des parents de Duroy ? Quelles informations importantes nous sont données à cette occasion sur le héros ?

6. Quelles observations de l'auteur nous montrent que le bureau de Madeleine est celui d'un écrivain et qu'elle doit y passer beaucoup de temps ?

7. Comment se manifeste l'extrême embarras de Georges Duroy ? Que fait Madeleine pour le mettre à l'aise ?

8. Quel travail préparatoire exige Madeleine avant de passer à la rédaction de l'article ? Quel est l'intérêt d'une telle exigence ?

9. À quoi se réduit la participation de Georges durant la rédaction de l'article ?

Analyser les techniques d'écriture

La « méthode » de Madeleine Forestier pour rédiger un texte

En montrant à Georges comment il faut élaborer et rédiger un texte pour le rendre aussi plaisant qu'intéressant, Madeleine nous donne une véritable leçon de technique littéraire.
– Relisez le passage concerné et dégagez les grands principes de sa méthode : les étapes à respecter dans l'élaboration et les recettes utilisées pour susciter l'intérêt du lecteur et retenir son attention jusqu'à la dernière ligne. Que pensez-vous de sa conception du journalisme ? Pourriez-vous trouver des articles semblables dans les journaux actuels ?

Étudier la grammaire

Jouer sur la valeur des temps pour insérer un flash-back

Dans ce chapitre (l. 85 à 105), il y a un moment où Duroy évoque le souvenir de ses parents et de ses années de jeunesse, c'est-à-dire une période antérieure à l'action du roman. Au cinéma, on appelle cela un « flash-back » et on rend perceptible ce retour en arrière dans le temps par un flou à l'image ou un effet de son. Dans un texte, il faut évidemment avoir recours à un autre procédé. Par exemple, se servir de la valeur des temps du passé pour mettre en évidence le décalage entre passé et présent.
– Relisez le « flash-back » inséré dans ce chapitre et notez quel temps utilise l'auteur au départ de la séquence, pendant et à l'issue de celle-ci.

S'exprimer

Mise en scène : le duo de Madeleine et Georges

La séance de travail entre eux deux ne se résume pas à un dialogue. Elle comporte des jeux de scène très savoureux qui en disent long sur l'état d'esprit des deux personnages.
– Reprenez ce passage en notant les déplacements, les regards, les mimiques, puis amusez-vous à le mettre en scène avec la collaboration de deux camarades qui joueront les rôles de Madeleine et de Georges.

Se documenter

Immeubles parisiens à la fin du XIXᵉ siècle

En suivant Georges Duroy d'un chapitre à l'autre, nous avons pénétré successivement dans deux immeubles parisiens bien différents : celui des Forestier, rue Fontaine ; et celui de Duroy, rue Boursault. Comparez l'aspect et le confort des deux bâtiments.
– Que pouvez-vous en déduire sur la classe sociale et le niveau de vie des locataires de chaque immeuble ?
– Afin de compléter votre information sur ce sujet, faites des recherches dans l'œuvre de Zola : plusieurs de ses romans (*L'Assommoir*, *Pot-Bouille*, *Le Bonheur des Dames*) offrent des descriptions très intéressantes et bien documentées.

4. Débuts dans le journalisme

Georges Duroy dormit mal, tant l'excitait le désir de voir imprimé son article. Dès que le jour parut, il fut debout, et
5 il rôdait dans la rue bien avant l'heure où les porteurs de journaux vont, en courant, de kiosque en kiosque.

Alors il gagna la gare Saint-Lazare,
10 sachant bien que *La Vie Française* y arriverait avant de parvenir dans son quartier. Comme il était encore trop tôt, il erra sur le trottoir.

Il vit arriver la marchande, qui ou-
15 vrit sa boutique de verre, puis il aperçut un homme portant sur sa tête un tas de grands papiers pliés. Il se précipita : c'étaient *Le Figaro*[1], le *Gil-Blas*[2], *Le Gaulois*[3], *L'Événement*[4], et deux ou trois autres feuilles du matin ; mais *La Vie Française* n'y était pas.

20 Une peur le saisit : « Si on avait remis au lendemain *Les Souvenirs d'un Chasseur d'Afrique*, ou si, par hasard, la chose n'avait pas plu, au dernier moment, au père Walter ? »

En redescendant vers le kiosque, il s'aperçut qu'on vendait le journal, sans qu'il l'eût vu apporter. Il se précipita, le
25 déplia, après avoir jeté les trois sous, et parcourut les titres de la première page. – Rien. Son cœur se mit à battre ; il ouvrit la feuille, et il eut une forte émotion en lisant, au bas d'une colonne, en grosses lettres : « Georges Duroy. » Ça y était ! quelle joie !

---

1. Fondé sous le Second Empire, ce journal de droite tirait à 80 000 exemplaires en 1880.
2. Journal satirique et grivois qui tirait à 28 000 exemplaires.

3. Successivement bonapartiste, monarchiste puis républicain modéré, ce journal tirait à 14 000 exemplaires.
4. Fondé en 1872, ce journal républicain tirait à 14 000 exemplaires.

30   Il se mit à marcher, sans penser, le journal à la main le chapeau sur le côté, avec une envie d'arrêter les passants pour leur dire : « Achetez ça – achetez ça ! Il y a un article de moi. » – Il aurait voulu pouvoir crier de tous ses poumons, comme font certains hommes, le soir, sur les boulevards :

35   « Lisez *La Vie Française*, lisez l'article de Georges Duroy : *Les Souvenirs d'un Chasseur d'Afrique*. » Et, tout à coup, il éprouva le désir de lire lui-même cet article, de le lire dans un endroit public, dans un café, bien en vue. Et il chercha un établissement qui fût déjà fréquenté. Il lui fallut marcher

40 longtemps. Il s'assit enfin devant une espèce de marchand de vin où plusieurs consommateurs étaient déjà installés, et il demanda : « Un rhum », comme il aurait demandé : « Une absinthe⁵ », sans songer à l'heure. Puis il appela : « Garçon, donnez-moi *La Vie Française*.»

45   Un homme à tablier blanc accourut :
    « Nous ne l'avons pas, monsieur, nous ne recevons que *Le Rappel*⁶, *Le Siècle*⁷, *La Lanterne*⁸, et *Le Petit Parisien*⁹. »
    Duroy déclara, d'un ton furieux et indigné : « En voilà une boîte ! Alors, allez me l'acheter. » Le garçon y courut, la

50 rapporta. Duroy se mit à lire son article ; et plusieurs fois il dit, tout haut : *Très bien, très bien !* pour attirer l'attention des voisins et leur inspirer le désir de savoir ce qu'il y avait dans cette feuille. Puis il la laissa sur la table en s'en allant. Le patron s'en aperçut, le rappela :

55   « Monsieur, monsieur, vous oubliez votre journal ! »
    Et Duroy répondit :
    « Je vous le laisse, je l'ai lu. Il y a d'ailleurs aujourd'hui, dedans, une chose très intéressante. »
    Il ne désigna pas la chose, mais il vit, en s'en allant, un

60 de ses voisins prendre *La Vie Française* sur la table où il l'avait laissée. [...]

---

5. Liqueur verte extraite de l'armoise. Très en vogue à la fin du xixᵉ siècle, cette boisson est actuellement interdite à la vente à cause de sa haute teneur en alcool.

6. Journal républicain très lu par les ouvriers et les étudiants parisiens. Il tirait à 30 000 exemplaires.

7. Journal d'opposition, sous le Second Empire, il devint l'organe de la gauche républicaine après 1870.

8. Journal radical et anticlérical fondé en 1877. Il tirait à 150 000 exemplaires.

9. Ce journal populaire, d'où la politique était exclue, tirait à 580 000 exemplaires et représentait un quart du tirage de la presse parisienne.

*Duroy se rend à son ancien bureau où il donne sa démission,
en annonçant fièrement qu'il vient d'être engagé comme
rédacteur à* La Vie Française.

Comme il avait encore du temps, il entra chez un lithographe[10]
qui fabriquait des cartes de visite à la minute, sous les yeux
des passants ; et il s'en fit faire immédiatement une centaine,
65 qui portaient, imprimée sous son nom, sa nouvelle qualité.

Puis il se rendit au journal.

Forestier le reçut de haut, comme on reçoit un inférieur :

« Ah ! te voilà, très bien. J'ai justement plusieurs affaires
pour toi. Attends-moi dix minutes. Je vais d'abord finir ma
70 besogne. »

Et il continua une lettre commencée.

A l'autre bout de la grande table, un petit homme très pâle,
bouffi, très gras, chauve, avec un crâne tout blanc et luisant,
écrivait, le nez sur son papier, par suite d'une myopie exces-
75 sive.

Forestier lui demanda :

« Dis donc, Saint-Potin, à quelle heure vas-tu interviewer
nos gens ?

– A quatre heures.

80 – Tu emmèneras avec toi le jeune Duroy ici présent, et tu
lui dévoileras les arcanes[11] du métier.

– C'est entendu. »

Puis, se tournant vers son ami, Forestier ajouta :

« As-tu apporté la suite sur l'Algérie ? Le début de ce matin
85 a eu beaucoup de succès. »

Duroy, interdit, balbutia :

« Non, – j'avais cru avoir le temps dans l'après-midi, –
j'ai eu un tas de choses à faire, – je n'ai pas pu... »

L'autre leva les épaules d'un air mécontent :

90 « Si tu n'es pas plus exact que ça, tu rateras ton avenir,
toi. Le père Walter comptait sur ta copie. Je vais lui dire que
ce sera pour demain. Si tu crois que tu seras payé pour ne
rien faire, tu te trompes. »

---

10. Personne qui imprime des textes ou
des dessins gravés sur une pierre calcaire
au grain très fin.

11. Mystères, secrets.

Puis, après un silence, il ajouta :
95 « On doit battre le fer quand il est chaud, que diable ! »
Saint-Potin se leva :
« Je suis prêt », dit-il.
Alors Forestier se renversant sur sa chaise, prit une pose presque solennelle pour donner ses instructions, et, se tour-
100 nant vers Duroy :
« Voilà. Nous avons à Paris depuis deux jours le général chinois Li-Theng-Fao, descendu au Continental, et le rajah[12] Taposahib Ramaderao Pali, descendu à l'hôtel Bristol. Vous allez leur prendre une conversation. »
105 Puis, se tournant vers Saint-Potin :
« N'oublie point les principaux points que je t'ai indiqués. Demande au général et au rajah leur opinion sur les menées de l'Angleterre dans l'Extrême-Orient, leurs idées sur son système de colonisation et de domination, leurs espérances
110 relatives à l'intervention de l'Europe, et de la France en particulier, dans leurs affaires. »
Il se tut, puis il ajouta, parlant à la cantonade :
« Il sera on ne peut plus intéressant pour nos lecteurs de savoir en même temps ce qu'on pense en Chine et dans les
115 Indes sur ces questions, qui passionnent si fort l'opinion publique en ce moment. »
Il ajouta, pour Duroy :
« Observe comment Saint-Potin s'y prendra, c'est un excellent reporter, et tâche d'apprendre les ficelles pour vider
120 un homme en cinq minutes. »
Puis il recommença à écrire avec gravité, avec l'intention évidente de bien établir les distances, de bien mettre à sa place son ancien camarade et nouveau confrère.
Dès qu'ils eurent franchi la porte, Saint-Potin se mit à rire
125 et dit à Duroy :
« En voilà un faiseur ! Il nous la fait à nous-mêmes. On dirait vraiment qu'il nous prend pour ses lecteurs. »
Puis ils descendirent sur le boulevard, et le reporter demanda :
130 « Buvez-vous quelque chose ?
– Oui, volontiers. Il fait très chaud. »

12. Souverain d'une principauté en Inde.

39

Ils entrèrent dans un café et se firent servir des boissons fraîches. Et Saint-Potin se mit à parler. Il parla de tout le monde et du journal avec une profusion de détails surpre-
135 nants.

« Le patron ? Un vrai juif ! Et vous savez, les juifs on ne les changera jamais. Quelle race ! » [...]

« Et avec ça, pourtant, un bon zig qui ne croit à rien et roule tout le monde. Son journal, qui est officieux[13], catho-
140 lique, libéral, républicain, orléaniste[14], tarte à la crème[15] et boutique à treize[16], n'a été fondé que pour soutenir ses opé-rations de bourse et ses entreprises de toute sorte. Pour ça, il est très fort, et il gagne des millions au moyen de sociétés qui n'ont pas quatre sous de capital... » [...]

145 Puis il en vint à Forestier :

« Quant à celui-là, il a de la chance d'avoir épousé sa femme, voilà tout. »

Duroy demanda :

« Qu'est-ce au juste que sa femme ? »

150 Saint-Potin se frotta les mains :

« Oh ! une rouée, une fine mouche. C'est la maîtresse d'un vieux viveur nommé Vaudrec, le comte de Vaudrec, qui l'a dotée et mariée... »

Duroy sentit brusquement une sensation de froid, une sorte
155 de crispation nerveuse, un besoin d'injurier et de gifler ce bavard. Mais il l'interrompit simplement pour lui demander :

« C'est votre nom, Saint-Potin ? »

L'autre répondit avec simplicité :

« Non, je m'appelle Thomas. C'est au journal qu'on m'a
160 surnommé Saint-Potin. »

Et Duroy, payant les consommations, reprit :

« Mais il me semble qu'il est tard et que nous avons deux nobles seigneurs à visiter. »

Saint-Potin se mit à rire :

165 « Vous êtes encore naïf, vous ! Alors vous croyez comme ça que je vais aller demander à ce Chinois et à cet Indien ce

---

13. Représentant sans en avoir l'air des personnalités importantes.
14. Partisan du Comte de Paris, descen-dant de Louis-Philippe d'Orléans et préten-dant au trône de France.
15. Véhiculant toutes les idées reçues.
16. Boutique dont les associés sont nom-breux.

qu'ils pensent de l'Angleterre ?
Comme si je ne le savais pas
mieux qu'eux, ce qu'ils doivent
170 penser pour les lecteurs de *La Vie
Française*. J'en ai déjà interviewé
cinq cents de ces Chinois, Persans,
Hindous, Chiliens, Japonais et
autres.
175 Ils répondent tous la même chose,
d'après moi. Je n'ai qu'à reprendre
mon article sur le dernier venu et
à le copier mot pour mot. Ce qui
change, par exemple, c'est leur
180 tête, leur nom, leurs titres, leur
âge, leur suite. Oh ! là-dessus, il
ne faut pas d'erreur, parce que je
serais relevé raide[17] par *Le Figaro*

Illustration de Ferdinand Bac
(1859-1952) pour *Bel-Ami*.

ou *Le Gaulois*. Mais sur ce sujet le concierge de l'hôtel Bris-
185 tol et celui du Continental m'auront renseigné en cinq minutes. Nous irons à pied jusque-là en fumant un cigare. Total :
cent sous de voiture à réclamer au journal. Voilà, mon cher,
comment on s'y prend quand on est pratique. » [...]

*Duroy écrit tout seul la suite des « Souvenirs d'un Chasseur
d'Afrique », mais l'article est refusé par Walter et Forestier
demande à son camarade de le refaire.*

Il rapporta son article le lendemain. Il lui fut rendu de nou-
190 veau. L'ayant refait une troisième fois, et le voyant refusé,
il comprit qu'il allait trop vite et que la main de Forestier
pouvait seule l'aider dans sa route.
   Il ne parla donc plus des *Souvenirs d'un Chasseur d'Afrique*, en se promettant d'être souple et rusé, puisqu'il le fal-
195 lait, et de faire, en attendant mieux, son métier de reporter
avec zèle.
   Il connut les coulisses des théâtres et celles de la politique,
les corridors et le vestibule des hommes d'État et de la
Chambre des députés, les figures importantes des attachés de

---

17. Attaqué et perdu de réputation.

41

200 cabinet et les mines renfrognées des huissiers[18] endormis.

Il eut des rapports continus avec des ministres, des concierges, des généraux, des agents de police, des princes, des souteneurs, des courtisanes, des ambassadeurs, des évêques, des proxénètes[19], des rastaquouères[20], des hommes du monde,
205 des grecs, des cochers de fiacre, des garçons de café et bien d'autres, étant devenu l'ami intéressé et indifférent de tous ces gens, les confondant dans son estime, les toisant à la même mesure, les jugeant avec le même œil, à force de les voir tous les jours, à toute heure, sans transition d'esprit, et
210 de parler avec eux tous des mêmes affaires concernant son métier. Il se comparait lui-même à un homme qui goûterait coup sur coup les échantillons de tous les vins, et ne distinguerait bientôt plus le château-margaux[21] de l'argenteuil[22].

Il devint en peu de temps un remarquable reporter, sûr de
215 ses informations, rusé, rapide, subtil, une vraie valeur pour le journal, comme disait le père Walter, qui s'y connaissait en rédacteurs.

Cependant, comme il ne touchait que dix centimes la ligne, plus ses deux cents francs de fixe, et comme la vie de bou-
220 levard, la vie de café, la vie de restaurant coûte cher, il n'avait jamais le sou et se désolait de sa misère.

C'est un truc à saisir, pensait-il, en voyant certains confrères aller la poche pleine d'or, sans jamais comprendre quels moyens secrets ils pouvaient bien employer pour se
225 procurer cette aisance. Et il soupçonnait avec envie des procédés inconnus et suspects, des services rendus, toute une contrebande acceptée et consentie. Or, il lui fallait pénétrer le mystère, entrer dans l'association tacite[23], s'imposer aux camarades qui partageaient sans lui.
230 Et il rêvait souvent le soir, en regardant de sa fenêtre passer les trains, aux procédés qu'il pourrait employer.

Première partie, extrait du chapitre IV.

---

18. Ceux qui veillent aux portes des ministères et annoncent les visiteurs.
19. Ceux qui vivent du commerce des prostituées.
20. Étrangers à la richesse suspecte.
21. Cru renommé du Bordelais.
22. Petit vin de consommation courante.
23. Muette et complice.

Comprendre le texte

1. Quels sentiments divers et parfois contrastés agitent Georges Duroy, le matin de la parution de l'article ? Que pensez-vous de son comportement ? Étayez votre jugement en vous appuyant sur le texte.

2. Quels changements notez-vous dans l'attitude de Forestier à l'égard de Georges ? Comment s'explique ce changement ? Quels conseils donne-t-il à son camarade et subordonné ?

3. En quoi les confidences de Saint-Potin jettent-elles un éclairage nouveau sur les protagonistes de cette histoire ? Quelles sont les premières réactions de Georges face à ces confidences ?

4. Donnez des qualificatifs au ton et au vocabulaire employés par Saint-Potin. Pensez-vous qu'il mérite son surnom ?

5. Comment Saint-Potin justifie-t-il son curieux comportement professionnel ? Que nous révèle ce comportement sur les mœurs de certains journalistes ?

6. Énumérez les tâches et obligations que doit affronter Duroy au cours de son apprentissage. Par quel procédé de style Maupassant nous fait-il ressentir la complexité de cette formation « sur le terrain » ?

7. Quelles transformations s'opèrent chez Georges Duroy à la suite de cet apprentissage ? Relevez les expressions et les images grâce auxquelles l'auteur rend cette évolution saisissante.

8. Georges est-il satisfait de son sort ? Quelle obsession, déjà observée au chapitre 1, refait surface ici ?

Analyser les techniques d'écriture

Les procédés du comique

Bouleversé par la parution de son premier article, Georges Duroy a un comportement étrange qui déclenche notre rire à plusieurs reprises.
– Relisez le début de ce chapitre et relevez les séquences comiques en précisant de quel comique il s'agit : comique de mots, de situation, de gestes, d'interruption ou de répétition.

S'exprimer

Rédaction : un monologue intérieur

Au début et à la fin de ce chapitre, Maupassant nous montre Duroy en proie à des émotions violentes qui l'amènent à monologuer. Ce monologue est traité selon trois procédés : le *discours direct*, matérialisé par deux points et des guillemets ; le *discours indirect* où le verbe d'opinion est suivi d'une proposition subordonnée ; le *discours indirect libre*, où le monologue du héros apparaît sans guillemets ni subordination.

– Relevez dans le texte de Maupassant des exemples de ces trois procédés. Puis composez à votre tour un monologue intérieur sur le sujet suivant : « Convoqué pour participer à un jeu télévisé ou un concours sportif, vous décrivez vos états d'âme successifs, alors que vous attendez de passer l'épreuve au milieu de tous les autres candidats. »

Se documenter

Les sources d'information du journalisme

Ce chapitre nous montre Georges Duroy apprenant son métier de journaliste et allant recueillir l'information sur place auprès des personnes les plus diverses et... les plus inattendues !

– Un journaliste actuel procède-t-il de cette manière ? De quels moyens modernes de communication et de documentation dispose-t-il pour recueillir et vérifier l'information, sans être forcément obligé de se déplacer ?

● Bibliographie

– *L'histoire à la Une, la grande aventure de la Presse* de Jacques Wolgensinger. Clair et vivant avec de très belles illustrations et reproductions de journaux d'époque (éd. Découvertes Gallimard, 1990).

– *Les Journalistes français* de Bernard Voyenne. Évolution des fonctions du journaliste du XVIIe siècle à nos jours (éd. Retz, avec la collaboration du Centre de Formation et de Perfectionnement des Journalistes, 1985).

5. Georges Duroy devient Bel-Ami

Deux mois s'étaient écoulés ; on touchait à septembre, et la fortune rapide que Duroy avait espérée lui semblait bien longue à venir. Il s'inquiétait surtout de la médiocrité morale de sa situation et ne voyait pas par quelle voie il escaladerait
5 les hauteurs où l'on trouve la considération et l'argent. Il se sentait enfermé dans ce métier médiocre de reporter, muré là-dedans à n'en pouvoir sortir. On l'appréciait, mais on l'estimait selon son rang. Forestier même, à qui il rendait mille services, ne l'invitait plus à dîner, le traitait en tout
10 comme un inférieur, bien qu'il le tutoyât comme un ami.

De temps en temps, il est vrai, Duroy, saisissant une occasion, plaçait un bout d'article, et ayant acquis par ses échos une souplesse de plume et un tact qui lui manquaient lorsqu'il avait écrit sa seconde chronique sur l'Algérie, il ne courait
15 plus aucun risque de voir refuser ses actualités. Mais de là à faire des chroniques au gré de sa fantaisie ou à traiter,

45

en juge, les questions politiques, il y avait autant de différence
qu'à conduire dans les avenues du Bois étant cocher, ou à
conduire étant maître. Ce qui l'humiliait surtout, c'était de
20 sentir fermées les portes du monde, de n'avoir pas de relations
à traiter en égal, de ne pas entrer dans l'intimité des femmes,
bien que plusieurs actrices connues l'eussent parfois accueilli
avec une familiarité intéressée.

Il savait d'ailleurs, par expérience, qu'elles éprouvaient
25 pour lui, toutes, mondaines ou cabotines[1], un entraînement
singulier, une sympathie instantanée, et il ressentait, de ne
point connaître celles dont pourrait dépendre son avenir, une
impatience de cheval entravé. [...]

*Duroy décide de faire la cour à une amie des Forestier, Mme
de Marelle. Celle-ci devient rapidement sa maîtresse et
n'hésite pas à couvrir une partie de ses besoins financiers.
Mais Georges reste insatisfait sur le plan professionnel.*

Forestier, malade, affaibli, toussant toujours, lui faisait, au
30 journal, une existence pénible, semblait se creuser l'esprit
pour lui trouver des corvées ennuyeuses. Un jour même, dans
un moment d'irritation nerveuse, et après une longue quinte
d'étouffement, comme Duroy ne lui apportait point un ren-
seignement demandé, il grogna : « Cristi[2], tu es plus bête que
35 je n'aurais cru. »

L'autre faillit le gifler, mais il se contint et s'en alla en
murmurant : « Toi, je te rattraperai. » Une pensée rapide lui
traversa l'esprit, et il ajouta : « Je vas te faire cocu, mon
vieux. » Et il s'en alla en se frottant les mains, réjoui par ce
40 projet.

Il voulut, dès le jour suivant, en commencer l'exécution.
Il fit à Mme Forestier une visite en éclaireur.

Il la trouva qui lisait un livre, étendue tout au long sur un
canapé.
45 Elle lui tendit la main, sans bouger, tournant seulement la
tête, et elle dit : « Bonjour, Bel-Ami. » Il eut la sensation
d'un soufflet reçu : « Pourquoi m'appelez-vous ainsi ? »

---

1. Comédiennes sans talent.　　　　2. Juron évoquant tout en le déformant le
　　　　　　　　　　　　　　　　　　personnage du Christ.

Elle répondit en souriant :

« J'ai vu Mme de Marelle l'autre semaine, et j'ai su
50 comment on vous avait baptisé chez elle. »

Il se rassura devant l'air aimable de la jeune femme.
Comment aurait-il pu craindre, d'ailleurs ?

Elle reprit :

« Vous la gâtez ! Quant à moi, on me vient voir quand on
55 y pense, les trente-six du mois, ou peu s'en faut ? »

Il s'était assis près d'elle et il la regardait avec une curiosité
nouvelle, une curiosité d'amateur qui bibelote[3]. Elle était
charmante, blonde d'un blond tendre et chaud, faite pour les
caresses ; et il pensa : « Elle est mieux que l'autre[4], certai-
60 nement. » Il ne doutait point du succès, il n'aurait qu'à allon-
ger la main, lui semblait-il, et à la prendre, comme on cueille
un fruit.

Il dit résolument :

« Je ne venais point vous voir parce que cela valait
65 mieux. »

Elle demanda, sans comprendre :

« Comment ? Pourquoi ?

– Pourquoi ? Vous ne devinez pas ?

– Non, pas du tout.

70 – Parce que je suis amoureux de vous... oh ! un peu, rien
qu'un peu... et que je ne veux pas le devenir tout à fait... »

Elle ne parut ni étonnée, ni choquée, ni flattée ; elle continuait à sourire du même sourire indifférent, et elle répondit
avec tranquillité :

75 « Oh ! vous pouvez venir tout de même. On n'est jamais
amoureux de moi longtemps. »

Il fut surpris du ton plus encore que des paroles, et il
demanda :

« Pourquoi ?

80 – Parce que c'est inutile et que je le fais comprendre tout
de suite. Si vous m'aviez raconté plus tôt votre crainte, je
vous aurais rassuré et engagé au contraire à venir le plus
possible. »

Il s'écria, d'un ton pathétique :

---

3. Qui s'attendrit sur un bibelot. 4. Il s'agit de sa maîtresse, Clotilde de
Marelle.

85 « Avec ça qu'on peut commander aux sentiments ! »
Elle se tourna vers lui :
« Mon cher ami, pour moi un homme amoureux est rayé
du nombre des vivants. Il devient idiot, pas seulement idiot,
mais dangereux. Je cesse, avec les gens qui m'aiment
90 d'amour, ou qui le prétendent, toute relation intime, parce
qu'ils m'ennuient d'abord, et puis parce qu'ils me sont suspects comme un chien enragé qui peut avoir une crise. Je les
mets donc en quarantaine[5] morale jusqu'à ce que leur maladie soit passée. Ne l'oubliez point. Je sais bien que chez vous
95 l'amour n'est autre chose qu'une espèce d'appétit, tandis que
chez moi ce serait, au contraire, une espèce de... de... de
communion des âmes qui n'entre pas dans la religion des
hommes. Vous en comprenez la lettre, et moi l'esprit. Mais...
regardez-moi bien en face... »
100 Elle ne souriait plus. Elle avait un visage calme et froid et
elle dit en appuyant sur chaque mot :
« Je ne serai jamais, jamais votre maîtresse, entendez-vous.
Il est donc absolument inutile, il serait même mauvais pour
vous de persister dans ce désir... Et maintenant que... l'opé-
105 ration est faite... voulez-vous que nous soyons amis, bons
amis, mais là, de vrais amis, sans arrière-pensée ? »
Il avait compris que toute tentative resterait stérile[6] devant
cette sentence sans appel. Il en prit son parti tout de suite,
franchement, et, ravi de pouvoir se faire cette alliée dans
110 l'existence, il lui tendit les deux mains :
« Je suis à vous, madame, comme il vous plaira. »
Elle sentit la sincérité de la pensée dans la voix, et elle
donna ses mains.
Il les baisa, l'une après l'autre, puis il dit simplement en
115 relevant la tête : « Cristi, si j'avais trouvé une femme comme
vous, avec quel bonheur je l'aurais épousée ! »
Elle fut touchée, cette fois, caressée par cette phrase
comme les femmes le sont par les compliments qui trouvent
leur cœur, et elle lui jeta un de ces regards rapides et recon-
120 naissants qui nous font leurs esclaves.
Puis, comme il ne trouvait pas de transition pour reprendre

---

5. A l'écart, comme on le fait pour une personne atteinte d'une maladie contagieuse.

6. Vaine.

la conversation, elle prononça, d'une voix douce, en posant un doigt sur son bras :

« Et je vais commencer tout de suite mon métier d'amie.
125 Vous êtes maladroit, mon cher... »

Elle hésita, et demanda :

« Puis-je parler librement ?

– Oui.

– Tout à fait ?

130 – Tout à fait.

– Eh bien, allez donc voir Mme Walter, qui vous apprécie beaucoup, et plaisez-lui. Vous trouverez à placer par là vos compliments, bien qu'elle soit honnête, entendez-moi bien, tout à fait honnête. Oh ! pas d'espoir de... de maraudage[7] non
135 plus de ce côté. Vous y pourrez trouver mieux, en vous faisant bien voir. Je sais que vous occupez encore dans le journal une place inférieure. Mais ne craignez rien, ils reçoivent tous les rédacteurs avec la même bienveillance. Allez-y, croyez-moi. »

140 Il dit, en souriant : « Merci, vous êtes un ange... un ange gardien. [...]

Bel-Ami suit les conseils de Madeleine Forestier et se met à fréquenter le salon de Mme Walter où son esprit piquant est apprécié des dames. Peu après, il est nommé chef des Échos[8] à La Vie Française.

Cette fonction avait été remplie jusque-là par le secrétaire de la rédaction, M. Boisrenard, un vieux journaliste correct, ponctuel et méticuleux comme un employé. [...]
145 M. Walter, qui l'appréciait cependant, avait souvent désiré un autre homme pour lui confier les Échos, qui sont, disait-il, la moelle du journal. C'est par eux qu'on lance les nouvelles, qu'on fait courir les bruits, qu'on agit sur le public et sur la rente[9]. Entre deux soirées mondaines, il faut savoir glisser,
150 sans avoir l'air de rien, la chose importante, plutôt insinuée que dite. Il faut, par des sous-entendus, laisser deviner ce

7. Vol de produits avant leur récolte.
8. Rubrique consacrée aux petites nouvelles mondaines ou locales, formulées sur un ton piquant.
9. Emprunt de l'État, représenté par un coupon qui donne droit à un intérêt contre remise de coupons.

qu'on veut, démentir de telle sorte que la rumeur s'affirme, ou affirmer de telle manière que personne ne croie au fait annoncé. Il faut que, dans les échos, chacun trouve chaque
155 jour une ligne, au moins qui l'intéresse, afin que tout le monde les lise. Il faut penser à tout et à tous, à tous les mondes, à toutes les professions, à Paris et à la Province, à l'Armée et aux Peintres, au Clergé et à l'Université, aux Magistrats et aux Courtisanes[10].
160 L'homme qui les dirige et qui commande au bataillon des reporters doit être toujours en éveil, et toujours en garde, méfiant, prévoyant, rusé, alerte et souple, armé de toutes les astuces et doué d'un flair infaillible pour découvrir la nouvelle fausse du premier coup d'œil, pour juger ce qui est bon
165 à dire et bon à celer[11], pour deviner ce qui portera sur le public ; et il doit savoir le présenter de telle façon que l'effet en soit multiplié.

M. Boisrenard, qui avait pour lui une longue pratique, manquait de maîtrise et de chic ; il manquait surtout de la roue-
170 rie[12] native qu'il fallait pour pressentir chaque jour les idées secrètes du patron.

Duroy devait faire l'affaire en perfection, et il complétait admirablement la rédaction de cette feuille « qui naviguait sur les fonds de l'État et sur les bas-fonds de la politique »,
175 selon l'expression de Norbert de Varenne.

Les inspirateurs et véritables rédacteurs de La Vie Française étaient une demi-douzaine de députés intéressés dans toutes les spéculations[13] que lançait ou que soutenait le directeur. On les nommait à la Chambre « la bande à Walter », et
180 on les enviait parce qu'ils devaient gagner de l'argent avec lui et par lui.

Forestier, rédacteur politique, n'était que l'homme de paille[14] de ces hommes d'affaires, l'exécuteur des intentions suggérées par eux. Ils lui soufflaient ses articles de fond, qu'il
185 allait toujours écrire chez lui pour être tranquille, disait-il.

Mais, afin de donner au journal une allure littéraire

10. Prostituées de luxe.
11. Cacher.
12. Habileté et malice.
13. Opérations financières consistant à profiter des fluctuations naturelles du marché ou à les provoquer pour réaliser un bénéfice.
14. Celui qui sert de prête-nom dans une affaire plus ou moins honnête.

et parisienne, on y avait attaché deux écrivains célèbres en
des genres différents, Jacques Rival, chroniqueur d'actualité,
et Norbert de Varenne, poète et chroniqueur fantaisiste, ou
190 plutôt conteur, suivant la nouvelle école.

Puis on s'était procuré, à bas prix, des critiques d'art, de
peinture, de musique, de théâtre, un rédacteur criminaliste[15]
et un rédacteur hippique[16], parmi la grande tribu mercenaire[17]
des écrivains à tout faire. Deux femmes du monde, « Domino
195 rose » et « Patte Blanche », envoyaient des variétés mondaines, traitaient les questions de mode, de vie élégante, d'éti-
quette[18], de savoir-vivre, et commettaient des indiscrétions
sur les grandes dames.

Première partie, extrait des chapitres V et VI.

Comprendre le texte

1. Pour quelles raisons Duroy reste-t-il insatisfait de son sort ? Quel
rôle aimerait-il jouer au journal et dans les milieux mondains de la
capitale ? Relevez plusieurs participes passés qui traduisent le sen-
timent d'impuissance du héros.

2. Comment l'idée de séduire Mme Forestier germe-t-elle dans le
cerveau du jeune homme ? De quelle manière la formule-t-il ?

3. Quel accueil Madeleine Forestier réserve-t-elle à Bel-Ami ? De
quelle manière se sent-il encouragé à faire sa déclaration ? Montrez,
à l'aide d'exemples, le mélange d'audace et de prudence que ren-
ferme cette déclaration.

4. Résumez en deux phrases le contenu de la « leçon » de Madeleine Forestier (l. 87 à 106) et montrez comment elle éclaire d'un
jour nouveau la personnalité de la jeune femme.

5. Notez les réactions successives de Bel-Ami (mimiques et paroles) durant la « leçon » que lui inflige Madeleine. Que nous révèle
cette attitude sur le caractère du héros et sur ses sentiments ?

---

15. Spécialiste des affaires criminelles.
16. Faisant des comptes rendus et des pro-
nostics à propos des courses de chevaux.
17. Qui se prête à toutes les exigences
pour gagner de l'argent.

18. Façons cérémonieuses en usage dans
la haute société.

6. Pourquoi la rubrique des Échos est-elle si importante dans les journaux de cette époque et à *La Vie Française* ? De quelle façon est présentée l'information dans ce type de rubrique ?

7. De quelles qualités ou défauts doit faire preuve un chef des Échos, tel que le conçoit M. Walter ? Montrez comment le caractère et la mentalité de Georges Duroy le prédisposent à occuper un tel poste.

8. Quelles révélations nous fait Maupassant sur la « bande à Walter » et les véritables objectifs du journal ? Que pouvons-nous en déduire sur les mœurs d'une certaine presse à cette époque ?

9. Quelles sont les différentes rubriques de *La Vie Française* ? Lesquelles sont réservées aux femmes et pourquoi ?

Analyser les techniques d'écriture

Le dialogue et ses contrepoints

La visite de Bel-Ami à Madeleine Forestier donne lieu à un dialogue d'autant plus savoureux que l'auteur le complète par un monologue intérieur du héros et par de nombreuses indications concernant le ton, les gestes et les mimiques des deux protagonistes.

– Relevez dans le texte quelques exemples montrant cette interférence entre le dialogue, les observations de l'auteur et les indications scéniques. Montrez comment les paroles des interlocuteurs sont, selon les cas, annoncées, confirmées, nuancées ou contredites par ces notations qui nous révèlent, souvent mieux que les paroles, les véritables pensées de Bel-Ami et de Madeleine Forestier.

Étudier le vocabulaire

Le champ lexical de la manipulation

Organe secret de pouvoir pour la « bande à Walter », *La Vie Française* distille, par le canal de la rubrique des Échos, une information conforme aux intérêts de son directeur. Cette information, cependant, doit garder les apparences de l'objectivité et intéresser tous les lecteurs. D'où l'emploi d'un certain nombre de ruses sur le plan de l'énoncé que Maupassant traduit à l'aide d'un vocabulaire approprié.

– En relisant la dernière partie de ce chapitre (l. 145 à 185), relevez les noms, adjectifs et verbes qui expriment cette manipulation du lecteur par les journalistes de *La Vie Française*.

S'exprimer

Rédaction : gagner l'amour ou l'amitié de quelqu'un

Faire une déclaration d'amour ou proposer un pacte d'amitié n'est pas une entreprise facile, surtout si l'on redoute les réactions de son interlocuteur.
– Imaginez ou revivez ce type de situation en écrivant un dialogue que vous agrémenterez, comme dans le texte de Maupassant, d'observations portant sur les gestes, les mimiques et le ton des deux interlocuteurs.

Se documenter

L'évolution du journal du XIXᵉ siècle à nos jours

– En vous basant sur les différentes rubriques de *La Vie Française* et en vous aidant de la bibliographie mentionnée dans le chapitre précédent, retrouvez ce qui faisait la matière principale d'un quotidien à l'époque de Maupassant.
– Consultez ensuite plusieurs quotidiens actuels (parisiens et régionaux) et recensez les rubriques communes à ces différents journaux. Dans quel sens a évolué l'information depuis un siècle ? Quelles rubriques ont pris de l'importance ou à l'inverse, ont diminué ou disparu ? Quelles nouvelles rubriques ont fait leur apparition ? Quelle place ont pris les illustrations et la publicité au milieu des articles ?

6. La mort
de Charles Forestier

Charles Forestier, de plus en plus malade, a dû partir dans le Midi, à Cannes, pour soigner sa tuberculose sous un climat plus clément que celui de Paris. Malheureusement, son état de santé s'aggrave, et Madeleine, sentant venir la fin de son mari, écrit à Bel-Ami pour qu'il vienne l'assister dans ces moments difficiles.

La maison était petite, basse, de style italien, au bord de la route qui monte en zigzag à travers les arbres, montrant à chaque détour d'admirables points de vue. [...]

Le salon où le jeune homme entra était tendu de perse[1] rose
5 à dessins bleus. La fenêtre, large et haute, donnait sur la ville et sur la mer.

Duroy murmurait : « Bigre, c'est chic ici comme maison de campagne. Où diable prennent-ils tout cet argent-là ? »

Un bruit de robe le fit se retourner.

10 Mme Forestier lui tendait les deux mains :

« Comme vous êtes gentil, comme c'est gentil d'être venu ! » Et brusquement elle l'embrassa. Puis ils se regardèrent.

Elle était un peu pâlie, un peu maigrie, mais toujours fraî-
15 che, et peut-être plus jolie encore avec son air plus délicat. Elle murmura :

« Il est terrible, voyez-vous, il se sait perdu et il me tyrannise atrocement. Je lui ai annoncé votre arrivée. Mais où est votre malle ? »

20 Duroy répondit :

« Je l'ai laissée au chemin de fer, ne sachant pas dans quel hôtel vous me conseilleriez de descendre pour être près de vous. »

Elle hésita, puis reprit :

---

1. Tissu d'ameublement imprimé dans le style d'une toile peinte de l'Inde.

25 « Vous descendrez ici, dans la villa. Votre chambre est prête, du reste. Il peut mourir d'un moment à l'autre, et si cela arrivait la nuit, je serais seule. J'enverrai chercher votre bagage. »

Il s'inclina :

30 « Comme vous voudrez.

– Maintenant, montons », dit-elle.

Il la suivit. Elle ouvrit une porte au premier étage, et Duroy aperçut auprès d'une fenêtre, assis dans un fauteuil et enroulé dans des couvertures, livide sous la clarté rouge du soleil 35 couchant, une espèce de cadavre qui le regardait. Il le reconnaissait à peine ; il devina plutôt que c'était son ami.

On sentait dans cette chambre la fièvre, la tisane, l'éther, le goudron, cette odeur innommable et lourde des appartements où respire un poitrinaire[2]. [...]

40 Forestier releva la tête vers sa femme et demanda :

« Donne-moi un peu d'air. »

Elle répondit :

« Prends garde, il est tard, le soleil se couche, tu vas encore attraper froid, et tu sais que ça ne te vaut rien dans ton état 45 de santé. »

Il fit de la main droite un geste fébrile et faible qui aurait voulu être un coup de poing et il murmura avec une grimace de colère, une grimace de mourant qui montrait la minceur des lèvres, la maigreur des joues et la saillie de tous les os : 50 « Je te dis que j'étouffe. Qu'est-ce que ça te fait que je meure un jour plus tôt ou un jour plus tard, puisque je suis foutu... »

Elle ouvrit toute grande la fenêtre.

Le souffle qui entra les surprit tous les trois comme une 55 caresse. C'était une brise molle, tiède, paisible, une brise de printemps nourrie déjà par les parfums des arbustes et des fleurs capiteuses[3] qui poussent sur cette côte. On y distinguait un goût puissant de résine et l'âcre[4] saveur des eucalyptus.

Forestier la buvait d'une haleine courte et fiévreuse. Il 60 crispa les ongles de ses mains sur les bras de son fauteuil, et dit d'une voix basse, sifflante, rageuse :

2. Tuberculeux.
3. Dont l'odeur enivrante monte à la tête.
4. Dont l'odeur ou le goût irrite la gorge.

« Ferme la fenêtre. Cela me fait mal. J'aimerais mieux crever dans une cave. »

Et sa femme ferma la fenêtre lentement, puis elle regarda
65 au loin, le front contre la vitre.

Duroy, mal à l'aise, aurait voulu causer avec le malade, le rassurer.

Mais il n'imaginait rien de propre à le réconforter.

Il balbutia :
70 « Alors ça ne va pas mieux depuis que tu es ici ? »

L'autre haussa les épaules avec une impatience accablée : « Tu le vois bien. » Et il baissa de nouveau la tête.

Duroy reprit :

« Sacristi, il fait rudement bon ici, comparativement à
75 Paris. Là-bas on est encore en plein hiver. Il neige, il grêle, il pleut, et il fait sombre à allumer les lampes dès trois heures de l'après-midi. »

Forestier demanda :

« Rien de nouveau au journal ?
80 — Rien de nouveau. On a pris pour te remplacer le petit Lacrin qui sort du *Voltaire*[5], mais il n'est pas mûr. Il est temps que tu reviennes ! »

Le malade balbutia :

« Moi ? J'irai faire de la chronique à six pieds sous terre
85 maintenant. »

L'idée fixe revenait comme un coup de cloche à propos de tout, reparaissait sans cesse dans chaque pensée, dans chaque phrase.

Il y eut un long silence ; un silence douloureux et profond.
90 L'ardeur du couchant se calmait lentement ; et les montagnes devenaient noires sur le ciel rouge qui s'assombrissait. Une ombre colorée, un commencement de nuit qui gardait des lueurs de brasier mourant, entrait dans la chambre, semblait teindre les meubles, les murs, les tentures, les coins avec des
95 tons mêlés d'encre et de pourpre. La glace de la cheminée, reflétant l'horizon, avait l'air d'une plaque de sang.

Charles meurt deux jours plus tard. Madeleine et Georges le veillent dans la chambre mortuaire.

---

5. Journal républicain qui tirait à 10 000 exemplaires.

Illustration de
Ferdinand Bac
(1859-1952)
pour *Bel-Ami*.

Deux bougies brûlaient sur la table de nuit à côté d'une
assiette où trempait une branche de mimosa dans un peu
d'eau, car on n'avait point trouvé le rameau de buis néces-
100 saire.

Ils étaient seuls, le jeune homme et la jeune femme,
auprès de lui, qui n'était plus. Ils demeuraient sans parler,
pensant, et le regardant.

Mais Georges, que l'ombre inquiétait auprès de ce cada-
105 vre, le contemplait obstinément. Son œil et son esprit attirés,
fascinés, par ce visage décharné que la lumière vacillante
faisait paraître encore plus creux, restaient fixes sur lui.
C'était là son ami, Charles Forestier, qui lui parlait hier
encore ! Quelle chose étrange et épouvantable que cette fin
110 complète d'un être ! [...]

Pendant quelques années il avait vécu, mangé, ri, aimé, espéré, comme tout le monde. Et c'était fini, pour lui, fini pour toujours. Une vie ! quelques jours, et puis plus rien ! On naît, on grandit, on est heureux, on attend, puis on meurt.
115 Adieu ! homme ou femme, tu ne reviendras point sur la terre ! Et pourtant chacun porte en soi le désir fiévreux et irréalisable de l'éternité, chacun est une sorte d'univers dans l'univers, et chacun s'anéantit bientôt complètement dans le fumier des germes nouveaux. [...]
120 Une terreur confuse, immense, écrasante, pesait sur l'âme de Duroy, la terreur de ce néant illimité, inévitable, détruisant indéfiniment toutes les existences si rapides et si misérables. Il courbait déjà le front sous sa menace. Il pensait aux mouches qui vivent quelques heures, aux bêtes qui vivent
125 quelques jours, aux hommes qui vivent quelques ans, aux terres qui vivent quelques siècles. Quelle différence donc entre les uns et le autres ? Quelques aurores de plus voilà tout.

Il détourna les yeux pour ne plus regarder le cadavre.
130 Mme Forestier, la tête baissée, semblait songer aussi à des choses douloureuses. Ses cheveux blonds étaient si jolis sur sa figure triste, qu'une sensation douce comme le toucher d'une espérance passa dans le cœur du jeune homme. Pourquoi se désoler quand il avait encore tant d'années
135 devant lui ?

Et il se mit à la contempler. Elle ne le voyait point, perdue dans sa méditation. Il se disait : « Voilà pourtant la seule chose de la vie : l'amour ! tenir dans ses bras une femme aimée ! Là est la limite du bonheur humain. »
140 Quelle chance il avait eue, ce mort, de rencontrer cette compagne intelligente et charmante. Comment s'étaient-ils connus ? Comment avait-elle consenti, elle, à épouser ce garçon médiocre et pauvre ? Comment avait-elle fini par en faire quelqu'un ?
145 Alors il songea à tous les mystères cachés dans les existences. Il se rappela ce qu'on chuchotait du comte de Vaudrec qui l'avait dotée et mariée, disait-on.

Qu'allait-elle faire maintenant ? Qui épouserait-elle ? Un député, comme le pensait Mme de Marelle, ou quelque gail-
150 lard d'avenir, un Forestier supérieur ? Avait-elle des projets, des plans, des idées arrêtées ? Comme il eût désiré savoir

cela ! Mais pourquoi ce souci de ce qu'elle ferait ? Il se le demanda, et s'aperçut que son inquiétude venait d'une de ces arrière-pensées confuses, secrètes, qu'on se cache à soi-même
155 et qu'on ne découvre qu'en allant fouiller au fond de soi.

Oui, pourquoi n'essaierait-il pas lui-même cette conquête ? Comme il serait fort avec elle, et redoutable ! Comme il pourrait aller vite et loin, et sûrement !

Et pourquoi ne réussirait-il pas ? Il sentait bien qu'il lui
160 plaisait, qu'elle avait pour lui plus que de la sympathie, une de ces affections qui naissent entre deux natures semblables et qui tiennent autant d'une séduction réciproque que d'une sorte de complicité muette. Elle le savait intelligent, résolu, tenace ; elle pouvait avoir confiance en lui.

165 Ne l'avait-elle pas fait venir en cette circonstance si grave ? Et pourquoi l'avait-elle appelé ? Ne devait-il pas voir là une sorte de choix, une sorte d'aveu, une sorte de désignation ? Si elle avait pensé à lui, juste à ce moment où elle allait devenir veuve, c'est que, peut-être, elle avait songé à celui
170 qui deviendrait de nouveau son compagnon, son allié ?

Et une envie impatiente le saisit de savoir, de l'interroger, de connaître ses intentions. Il devait repartir le surlendemain, ne pouvant demeurer seul avec cette jeune femme dans cette maison. Donc il fallait se hâter, il fallait, avant de retourner
175 à Paris, surprendre avec adresse, avec délicatesse, ses projets, et ne pas la laisser revenir, céder aux sollicitations d'un autre peut-être, et s'enrager sans retour.

Le silence de la chambre était profond ; on n'entendait que le balancier de la pendule qui battait sur la cheminée son
180 tic-tac métallique et régulier. [...]

Il alla vers la fenêtre et l'ouvrit. Toute la fraîcheur parfumée de la nuit entra, troublant la flamme des deux bougies allumées auprès du lit. La lune répandait, comme l'autre soir, sa lumière abondante et calme sur les murs blancs des villas
185 et sur la grande nappe luisante de la mer. Duroy, respirant à pleins poumons, se sentit brusquement assailli d'espérances, comme soulevé par l'approche frémissante du bonheur.

Il se retourna.

« Venez donc prendre un peu le frais, dit-il, il fait un temps
190 admirable. »

Elle s'en vint tranquillement et s'accouda près de lui.

Alors il murmura, à voix basse :

« Écoutez-moi, et comprenez bien ce que je veux dire. Ne
vous indignez pas, surtout, de ce que je vous parle d'une
195 pareille chose en un semblable moment, mais je vous quitterai
après-demain, et quand vous reviendrez à Paris il sera peut-
être trop tard. Voilà... Je ne suis qu'un pauvre diable sans
fortune et dont la position est à faire, vous le savez. Mais
j'ai de la volonté, quelque intelligence à ce que je crois, et
200 je suis en route, en bonne route. Avec un homme arrivé on
sait ce qu'on prend ; avec un homme qui commence on ne
sait pas où il ira. Tant pis, ou tant mieux. Enfin je vous ai
dit un jour, chez vous, que mon rêve le plus cher aurait été
d'épouser une femme comme vous. Je vous répète aujour-
205 d'hui ce désir. Ne me répondez pas. Laissez-moi continuer.
Ce n'est point une demande que je vous adresse. Le lieu et
l'instant la rendraient odieuse. Je tiens seulement à ne point
vous laisser ignorer que vous pouvez me rendre heureux d'un
mot, que vous pouvez faire de moi soit un ami fraternel, soit
210 même un mari, à votre gré, que mon cœur et ma personne
sont à vous. Je ne veux pas que vous me répondiez maintenant ; je ne veux plus que nous parlions de cela, ici. Quand
nous nous reverrons, à Paris, vous me ferez comprendre ce
que vous aurez résolu. Jusque-là plus un mot, n'est-ce pas ? »
215   Il avait débité cela sans la regarder, comme s'il eût semé
ses paroles dans la nuit devant lui. Et elle semblait n'avoir
point entendu, tant elle était demeurée immobile, regardant
aussi devant elle, d'un œil fixe et vague, le grand paysage
pâle éclairé par la lune. [...]

Madeleine ne répond ni oui ni non. Mais un an plus tard,
après une période de deuil jugée convenable, elle accepte la
proposition de Georges. Cependant, à l'occasion de ce
mariage, elle formule une exigence inattendue...

220   « J'ai pensé à quelque chose, dit-elle, mais c'est assez
difficile à expliquer. »
    Il demanda :
    « Quoi donc ?
    – Et bien, voilà, mon cher, je suis comme toutes les fem-
225 mes, j'ai mes... mes faiblesses, mes petitesses, j'aime ce qui
brille, ce qui sonne. J'aurais adoré porter un nom noble.

Est-ce que vous ne pourriez pas, à l'occasion de notre mariage, vous... vous anoblir un peu ?

230 Elle avait rougi, à son tour, comme si elle lui eût proposé une indélicatesse.

Il répondit simplement :

« J'y ai bien souvent songé, mais cela ne me paraît pas facile.

– Pourquoi donc ? »

235 Il se mit à rire :

« Parce que j'ai peur de me rendre ridicule. »

Elle haussa les épaules :

« Mais pas du tout, pas du tout. Tout le monde le fait et personne n'en rit. Séparez votre nom en deux : "Du Roy."
240 Ça va très bien. »

Il répondit aussitôt, en homme qui connaît la question :

« Non, ça ne va pas. C'est un procédé trop simple, trop commun, trop connu. Moi j'avais pensé à prendre le nom de mon pays, comme pseudonyme[6] littéraire d'abord, puis à
245 l'ajouter peu à peu au mien, puis même, plus tard, à couper en deux mon nom comme vous me le proposiez. »

Elle demanda :

« Votre pays c'est Canteleu ?

– Oui. »

250 Mais elle hésitait :

« Non. Je n'en aime pas la terminaison. Voyons, est-ce que nous ne pourrions pas modifier un peu ce mot... Canteleu ? »

Elle avait pris une plume sur la table et elle griffonnait des noms en étudiant leur physionomie. Soudain elle s'écria :
255 « Tenez, tenez, voici. »

Et elle lui tendit un papier où il lut. « Madame Duroy de Cantel. »

Il réfléchit quelques secondes, puis il déclara avec gravité :

« Oui, c'est très bon. »

260 Elle était enchantée et répétait :

« Duroy de Cantel, Duroy de Cantel, Madame Duroy de Cantel. C'est excellent, excellent ! »

Elle ajouta, d'un air convaincu :

« Et vous verrez comme c'est facile à faire accepter par

---

6. Faux nom choisi par un écrivain ou un artiste pour masquer sa véritable identité.

265 tout le monde. Mais il faut saisir l'occasion. Car il serait trop
tard ensuite. Vous allez, dès demain, signer vos chroniques
D. de Cantel, et vos échos tout simplement Duroy. Ça se fait
tous les jours dans la presse et personne ne s'étonnera de
vous voir prendre un nom de guerre. Au moment de notre
270 mariage, nous pourrons encore modifier un peu cela en disant
aux amis que vous aviez renoncé à votre *du* par modestie,
étant donné votre position, ou même sans rien dire du tout.
Quel est le petit nom de votre père ?
    – Alexandre. »
275   Elle murmura deux ou trois fois de suite : « Alexandre,
Alexandre », en écoutant la sonorité des syllabes, puis elle
écrivit sur une feuille toute blanche :
    « Monsieur et Madame Alexandre du Roy de Cantel ont
l'honneur de vous faire part du mariage de Monsieur Georges
280 du Roy de Cantel, leur fils, avec Madame Madeleine Forestier. »
    Elle regardait son écriture d'un peu loin, ravie de l'effet,
et elle déclara :
    « Avec un rien de méthode, on arrive à réussir tout ce
285 qu'on veut. »
    Quand il se retrouva dans la rue, bien déterminé à s'appeler
désormais du Roy, et même du Roy de Cantel, il lui sembla
qu'il venait de prendre une importance nouvelle. Il marchait
plus crânement[7], le front plus haut, la moustache plus fière,
290 comme doit marcher un gentilhomme[8]. Il sentait en lui une
sorte d'envie joyeuse de raconter aux passants :
    « Je m'appelle du Roy de Cantel. »

                   Extraits de la première partie, chapitre VIII ; deuxième partie, chapitre I.

_____

7. Hardiment.   8. Homme de naissance noble.

Comprendre le texte

1. Où est située la villa des Forestier et quelle impression fait-elle sur Bel-Ami ?

2. Comment Madeleine accueille-t-elle le visiteur ? De quelle manière réagit-elle devant la mort prochaine de son mari ?

3. Analysez le comportement de Charles à l'égard de sa femme : comment s'explique cette brutalité ? Relevez les gestes et les expressions imagées qui dépeignent d'une façon très réaliste l'état d'esprit du mourant.

4. Quel effet veut obtenir Maupassant en confrontant l'image de Charles à l'aspect de la nature environnante ? Citez certains de ces rapprochements et dites quelles réflexions elles engendrent chez le lecteur.

5. De quels éléments très simples se sert l'auteur pour planter le décor et peindre l'atmosphère qui règne dans cette chambre mortuaire ?

6. Quelles pensées assaillent Georges, tandis qu'il veille le corps de son camarade défunt ? Montrez comment l'auteur passe des pensées de Georges à des idées plus générales sur la vie et la mort.

7. Analysez la demande en mariage de Bel-Ami : les précautions oratoires, les arguments, le style. Que nous révèle ou nous confirme cette longue requête sur la personnalité du héros ?

8. Pour quelles raisons Madeleine, ainsi que bien d'autres personnes à son époque, rêve-t-elle de porter un nom « à particule » ? Quelle confidence de Bel-Ami nous prouve que lui aussi y pensait depuis longtemps ?

9. Quels éléments sur le plan du contenu et du style font de ce passage une scène satirique ?

Analyser les techniques d'écriture

L'insert de sensations visuelles, olfactives et tactiles

Dans ce chapitre très grave où la mort hante tous les personnages, Maupassant utilise la nature, particulièrement belle sur la côte d'Azur, pour ancrer l'agonie et le décès de Charles Forestier dans un décor, une atmosphère qui donnent à cet événement une authenticité poignante.

– En relisant la partie centrale de ce chapitre (l. 54 à 96), relevez les diverses sensations que la nature méditerranéenne inspire à Maupassant et précisez chaque fois quel est leur retentissement sur l'état d'âme des personnages.

Étudier la grammaire

L'emploi de la forme interrogative

Au cours du long monologue qui précède sa demande en mariage, Bel-Ami se pose de multiples questions qui traduisent ses hésitations, ses suppositions et ses espérances. Cependant, pour ne pas lasser le lecteur, Maupassant prend soin de varier les pronoms interrogatifs : recensez-les.
– À votre tour, en pensant à un problème personnel non résolu, construisez un monologue à la forme interrogative.

S'exprimer

Rédaction : bâtir une argumentation

Présentant une demande en mariage dans des conditions très délicates, – Madeleine n'étant veuve que depuis quelques heures ! – Bel-Ami doit argumenter avec une grande habileté pour ne pas se faire rejeter. Dans la vie courante, il existe d'autres situations où il faut savoir « se vendre » vite et bien. Par exemple, à l'occasion de la recherche d'un stage en entreprise ou d'un travail pour l'été.
– Imaginez que vous ayez un entretien avec un chef de personnel ou un directeur de service : vous vous présentez et vous utilisez différents types d'argument pour rendre votre candidature attrayante, sans pour autant paraître prétentieux ou présomptueux.

Se documenter

La noblesse française

Les invasions barbares au Ve siècle de notre ère, en provoquant l'écroulement de l'Empire romain, ruinèrent la puissance de l'État et laissèrent le champ libre aux guerriers qui devinrent, selon les cas, les persécuteurs ou les protecteurs des populations civiles désemparées. Ainsi naquit en Europe la *noblesse féodale*, une race de seigneurs qui possédaient les terres, les armes et le pouvoir, mais s'engageaient en retour à protéger les paysans placés dans leur sphère d'influence.

Tout puissants à l'époque médiévale, les nobles perdirent ensuite, au fil des siècles, l'essentiel de leur pouvoir, au profit du *roi*, devenu monarque absolu, tandis que les *vilains* (appartenant à la « villa », domaine campagnard à l'époque gallo-romaine) rachetaient peu à peu les terres du seigneur ou bien émigraient à la ville où ils devenaient artisans ou commerçants, formant ainsi une nouvelle classe sociale, la *bourgeoisie* (= qui habite un bourg). Cette classe bourgeoise, souvent plus instruite et plus florissante que la noblesse qui ne travaille pas, enrage de ne pas être traitée avec la même considération. Car la noblesse, même apauvrie, conserve son prestige et sous l'Ancien Régime, beaucoup de bourgeois fortunés achètent des titres de noblesse ou épousent des jeunes filles nobles afin de renforcer leur position dans la société.

La Révolution de 1789 met fin, en principe, aux privilèges de la noblesse.

– En consultant vos manuels d'histoire, retrouvez les événements d'août 1789 qui mettent tous les Français sur un pied d'égalité.

Malgré tout, la noblesse n'a rien perdu de son prestige et Napoléon I, institue une *noblesse d'Empire*. Après lui, la Restauration, qui voit le retour au pouvoir des frères de Louis XVI, redonne à la noblesse d'Ancien Régime un rôle prépondérant au sein de l'État.

Par la suite, d'autres révolutions vont secouer la France, les derniers rois s'exileront et après 1870, la République va enfin s'installer solidement dans notre pays. N'empêche que la noblesse continue de faire rêver... En province, beaucoup de riches bourgeois se font construire des châteaux magnifiques dans le style ancien et jouent aux seigneurs de village. À Paris, certains s'inventent des noms à particule, comme Madeleine et Georges du Roy, avec l'espoir de faire meilleure figure dans la bonne société.

– De nos jours, la noblesse fait-elle encore rêver ? Combien reste-t-il de nobles authentiques en France (ils sont mentionnés sur un guide de la noblesse). A-t-on le droit de s'attribuer un titre de noblesse ? Ou d'acheter un titre dont la descendance s'est éteinte ? Citez le nom d'un hebdomadaire spécialisé dans la chronique des rois et des princesses.

7. Visite aux vieux parents

Le jeune homme qui signait maintenant D. de Cantel ses chroniques, Duroy ses échos, et du Roy les articles politiques qu'il commençait à donner de temps en temps, passait la moitié des jours chez sa fiancée qui le traitait avec une fami-
5 liarité fraternelle où entrait cependant une tendresse vraie mais cachée, une sorte de désir dissimulé comme une faiblesse. Elle avait décidé que le mariage se ferait en grand secret, en présence des seuls témoins, et qu'on partirait le soir même pour Rouen. On irait le lendemain embrasser les
10 vieux parents du journaliste, et on demeurerait quelques jours auprès d'eux. [...]

Arrivés à Rouen par le train, les jeunes mariés prennent un fiacre pour se rendre à Canteleu où habitent les parents de Georges.

Ils venaient de s'arrêter aux deux tiers de la montée, à un endroit renommé pour la vue, où l'on conduit tous les voyageurs.
15 On dominait l'immense vallée, longue et large, que le fleuve clair parcourait d'un bout à l'autre, avec de grandes ondulations. On le voyait venir de là-bas, taché par des îles nombreuses et décrivant une courbe avant de traverser Rouen. Puis la ville apparaissait sur la rive droite, un peu noyée dans
20 la brume matinale, avec des éclats de soleil sur ses toits, et ses mille clochers légers, pointus ou trapus[1], frêles et travaillés comme des bijoux géants, ses tours carrées ou rondes coiffées de couronnes héraldiques[2], ses beffrois[3], ses clochetons[4], tout le peuple gothique des sommets d'églises que
25 dominait la flèche aiguë de la cathédrale, surprenante aiguille

---

1. Courts et massifs.
2. Comme celles que l'on voit sur les blasons.
3. Tours d'un hôtel de ville ou d'une église.
4. Petits clochers.

de bronze, laide, étrange et démesurée, la plus haute qui soit au monde.

Mais en face, de l'autre côté du fleuve, s'élevaient rondes et renflées à leur faîte, les minces cheminées d'usines du
30 vaste faubourg de Saint-Sever.

Plus nombreuses que leurs frères les clochers, elles dressaient jusque dans la campagne lointaine leurs longues colonnes de briques et soufflaient dans le ciel bleu leur haleine noire de charbon. [...]
35 Là-bas, derrière la ville ouvrière, s'étendait une forêt de sapins ; et la Seine, ayant passé entre les deux cités, continuait sa route, longeait une grande côte onduleuse boisée en haut et montrant par places ses os de pierre blanche, puis elle disparaissait à l'horizon après avoir encore décrit une longue
40 courbe arrondie. On voyait des navires montant et descendant le fleuve, traînés par des barques à vapeur grosses comme des mouches et qui crachaient une fumée épaisse. Des îles, étalées sur l'eau, s'alignaient toujours l'une au bout de l'autre, ou bien laissant entre elles de grands intervalles,
45 comme les grains inégaux d'un chapelet verdoyant.

Le cocher du fiacre attendait que les voyageurs eussent fini de s'extasier. Il connaissait par expérience la durée de l'admiration de toutes les races de promeneurs.

Mais quand il se remit en marche, Duroy aperçut soudain,
50 à quelques centaines de mètres, deux vieilles gens qui s'en venaient, et il sauta de la voiture, en criant : « Les voilà. Je les reconnais. »

C'étaient deux paysans, l'homme et la femme, qui marchaient d'un pas irrégulier, en se balançant et se heurtant
55 parfois de l'épaule. L'homme était petit, trapu, rouge et un peu ventru, vigoureux malgré son âge ; la femme, grande, sèche, voûtée, triste, la vraie femme de peine des champs qui a travaillé dès l'enfance et qui n'a jamais ri, tandis que le mari blaguait en buvant avec les pratiques[5].
60 Madeleine aussi était descendue de voiture et elle regardait venir ces deux pauvres êtres avec un serrement de cœur, une tristesse qu'elle n'avait point prévue. Ils ne reconnaissaient point leur fils, ce beau monsieur, et ils n'auraient jamais deviné leur bru dans cette belle dame en robe claire.

---

5. Clients.

Illustration de Jean-Émile Laboureur (1877-1943) pour *Bel-Ami,* édition de 1934.

65   Ils allaient, sans parler et vite, au-devant de l'enfant attendu, sans regarder ces personnes de la ville que suivait une voiture.

Ils passaient. Georges, qui riait, cria :

« Bonjou, pé Duroy. »

70   Ils s'arrêtèrent net, tous les deux, stupéfaits d'abord, puis abrutis de surprise. La vieille se remit la première et balbutia, sans faire un pas :

« C'est-i té, not' fieu ? »

Le jeune homme répondit :

75   « Mais oui, c'est moi, la mé Duroy ! » et marchant à elle

il l'embrassa sur les deux joues, d'un gros baiser de fils. Puis il frotta ses tempes contre les tempes du père, qui avait ôté sa casquette, une casquette à la mode de Rouen, en soie noire, très haute, pareille à celle des marchands de bœufs.

80 Puis Georges annonça : « Voilà ma femme. » Et les deux campagnards regardèrent Madeleine. Ils la regardèrent comme on regarde un phénomène, avec une crainte inquiète, jointe à une sorte d'approbation satisfaite chez le père, à une inimitié[6] jalouse chez la mère.

85 L'homme, qui était d'un naturel joyeux, tout imbibé par une gaieté de cidre doux et d'alcool, s'enhardit et demanda, avec une malice au coin de l'œil :

« J'pouvons-ti l'embrasser tout d'même ? »

Le fils répondit : « Parbleu. » Et Madeleine, mal à l'aise,
90 tendit ses deux joues aux bécots sonores du paysan qui s'essuya ensuite les lèvres d'un revers de main.

La vieille, à son tour, baisa sa belle-fille avec une réserve hostile. Non, ce n'était point la bru de ses rêves, la grosse et fraîche fermière, rouge comme une pomme et ronde comme
95 une jument poulinière[7]. Elle avait l'air d'une traînée[8], cette dame-là, avec ses falbalas[9] et son musc[10]. Car tous les parfums, pour la vieille, étaient du musc.

Et on se remit en marche à la suite du fiacre qui portait la malle des nouveaux époux.

100 Le vieux prit son fils par le bras, et le retenant en arrière, il demanda avec intérêt :

« Eh ben, ça va-t-il, les affaires ?

– Mais oui, très bien.

– Allons suffit, tant mieux ! Dis-mé, ta femme, est-i
105 aisée ? »

Georges répondit :

« Quarante mille francs. »

Le père poussa un léger sifflement d'admiration et ne put que murmurer : « Bougre ! » tant il fut ému par la somme.
110 Puis il ajouta avec une conviction sérieuse : « Nom d'un

---

6. Hostilité.
7. Apte à mettre au monde des poulains.
8. Femme de mauvaise vie.

9. Toilette élégante très ornementée.
10. Parfum entêtant d'origine animale.

nom, c'est une belle femme. » Car il la trouvait de son goût,
lui. Et il avait passé pour connaisseur, dans le temps.

Madeleine et la mère marchaient côte à côte, sans dire un
mot. Les deux hommes les rejoignirent.

115 On arrivait au village, un petit village en bordure sur la
route, formé de dix maisons de chaque côté, maisons de bourg
et masures de fermes, les unes en briques, les autres en argile,
celles-ci coiffées de chaume et celles-là d'ardoise. Le café
du père Duroy : « À la belle vue », une bicoque composée
120 d'un rez-de-chaussée et d'un grenier, se trouvait à l'entrée
du pays, à gauche. Une branche de pin, accrochée sur la porte,
indiquait, à la mode ancienne, que les gens altérés pouvaient
entrer.

Le couvert était mis dans la salle du cabaret, sur deux
125 tables rapprochées et cachées par deux serviettes. [...]

Ce fut un long déjeuner de paysans avec une suite de plats
mal assortis, une andouille après un gigot, une omelette après
l'andouille. Le père Duroy, mis en joie par le cidre et
quelques verres de vin, lâchait le robinet de ses plaisanteries
130 de choix, celles qu'il réservait pour les grandes fêtes, histoires
grivoises[11] et malpropres arrivées à ses amis, affirmait-il.
Georges, qui les connaissait toutes, riait cependant, grisé par
l'air natal, ressaisi par l'amour inné du pays, des lieux fami-
liers dans l'enfance, par toutes les sensations, tous les sou-
135 venirs retrouvés, toutes les choses d'autrefois revues, des
riens, une marque de couteau dans une porte, une chaise
boiteuse rappelant un petit fait, des odeurs de sol, le grand
souffle de résine et d'arbres venu de la forêt voisine, les
senteurs du logis, du ruisseau, du fumier.

140 La mère Duroy ne parlait point, toujours triste et sévère,
épiant de l'œil sa bru avec une haine éveillée dans le cœur,
une haine de vieille travailleuse, de vieille rustique aux
doigts usés, aux membres déformés par les dures besognes,
contre cette femme de ville qui lui inspirait une répulsion[12]
145 de maudite, de réprouvée[13], d'être impur fait pour la fainéan-
tise et le péché. Elle se levait à tout moment pour aller chercher les plats, pour verser dans les verres la boisson jaune et

---

11. Coquines, lestes.
12. Dégoût.
13. Rejetée par la société.

aigre de la carafe ou le cidre roux mousseux et sucré des
bouteilles dont le bouchon sautait comme celui de la limo-
150 nade gazeuse.

Madeleine ne mangeait guère, ne parlait guère, demeurait
triste avec son sourire ordinaire figé sur les lèvres, mais un
sourire morne, résigné. Elle était déçue, navrée. Pourquoi ?
Elle avait voulu venir. Elle n'ignorait point qu'elle allait chez
155 des paysans, chez des petits paysans. Comment les avait-elle
donc rêvés, elle qui ne rêvait pas d'ordinaire ?

Le savait-elle ? Est-ce que les femmes n'espèrent point
toujours autre chose ce qui est ! Les avait-elle vus de
loin plus poétiques ? Non, mais plus littéraires peut-être, plus
160 nobles, plus affectueux, plus décoratifs. Pourtant elle ne les
désirait point distingués comme ceux des romans. D'où venait
donc qu'ils la choquaient par mille choses menues, invisibles,
par mille grossièretés insaisissables, par leur nature même de
rustres[14], par ce qu'ils disaient, par leurs gestes et leur gaieté ?
165 Elle se rappelait sa mère à elle, dont elle ne parlait jamais
à personne, une institutrice séduite, élevée à Saint-Denis[15] et
morte de misère et de chagrin quand Madeleine avait douze
ans. Un inconnu avait fait élever la petite fille. Son père, sans
doute ? Qui était-il ? Elle ne le sut point au juste, bien qu'elle
170 eût de vagues soupçons.

Extrait de la deuxième partie, chapitre I.

Comprendre le texte

1. Comment évolue la carrière de Bel-Ami ? Pourquoi, suivant les
conseils de Madeleine, signe-t-il ses articles de noms différents ?

2. Quel plan adopte Maupassant pour donner au lecteur une vision
à la fois progressive et précise du panorama de Rouen ? Dans quel
but oppose-t-il les deux rives de la ville ?

3. Relevez les notations de lumière et de couleur qui font penser à
un tableau impressionniste.

---

14. Paysans grossiers.   15. Couvent de Saint-Denis.

4. Notez quelques belles images (métaphores et comparaisons) en précisant ce qu'elles apportent à la description de la ville de Rouen.

5. Comment s'y prend Maupassant pour réussir en huit lignes à tracer le portrait physique et moral de ce couple de paysans ?

6. Quel incident émeut Madeleine ? Montrez de quelle manière l'auteur joue sur la valeur des temps et le rythme des phrases pour faire partager au lecteur l'émotion de Madeleine.

7. Que fait Georges pour se faire reconnaître de son père ? Quel aspect nouveau de sa personnalité apparaît ici ?

8. Observez la manière dont les deux paysans accueillent leur belle-fille : quelle différence d'attitude remarquez-vous chez le père et la mère Duroy ? Comment s'explique-t-elle ?

9. Montrez comment les attitudes des différents protagonistes reflètent ou annoncent leurs états d'âme (l. 80 à 156).

10. Étudiez le monologue intérieur de Madeleine : que nous apprend-il sur son passé ? Dans quelle mesure ce passage éclaire-t-il la personnalité de Madeleine ?

Analyser les techniques d'écriture

La multiplicité des points de vue

Dans ce chapitre, pour la première fois, les événements ne sont pas vus à travers le seul regard du héros principal, mais à travers les réactions diverses des quatre protagonistes.
– Donnez des exemples en vous appuyant sur le texte.
– Étudiez et comparez les réactions des deux femmes. Puis montrez comment l'auteur, par un choix judicieux des termes et du style, appréhende successivement les mentalités constrastées de la belle-mère et de sa bru.

Étudier le vocabulaire

Le rôle de l'adjectif dans la phrase

À l'occasion de la description de Rouen (l. 15 à 45), puis du portrait des deux paysans (l. 53 à 59), Maupassant utilise de nombreux adjectifs. Relevez-les et précisez quelle information ou quelle image ils introduisent dans le texte. Puis, à votre tour, trouvez plusieurs adjectifs pour décrire votre rue.

S'exprimer

Exercice de comparaison

Dans son célèbre roman, *Madame Bovary*, Gustave Flaubert décrit lui aussi le panorama de Rouen. Retrouvez ce texte (Troisième partie, chapitre V) et comparez-le à celui de Maupassant sur le plan de la composition, des images, des couleurs et des sentiments éprouvés par le narrateur.

Rédaction : décrire le panorama d'une ville

En vous inspirant des procédés utilisés par Flaubert et Maupassant, décrivez une ville de votre région que vous aurez pu observer du haut d'un plateau ou d'une colline.

Se documenter

La vie quotidienne des paysans d'autrefois

Ce chapitre nous apporte des informations sur l'aspect physique, l'habillement, le langage, l'habitat, l'alimentation et la mentalité des paysans normands du siècle dernier. Pour avoir une vision complémentaire du monde paysan d'alors, vous pouvez consulter les livres mentionnés dans la bibliographie ci-dessous et regarder de vieilles cartes postales, aujourd'hui rééditées, qui montrent les travaux et les fêtes dans les campagnes d'autrefois.

– Après avoir effectué ces recherches, faites le bilan de la vie quotidienne des paysans à cette époque. En quoi cette existence rude différait-elle considérablement de la vie des citadins ? Comment a évolué le niveau de vie de la paysannerie en l'espace d'un siècle et surtout depuis les années 60 ? Quels progrès techniques ont rapproché les campagnards des citadins ?

● Bibliographie

– *Contes* de Maupassant.
– *La Mare au diable, la Petite Fadette, François le Champi*, de George Sand.
– *Un cœur simple* de Flaubert.
– *La Terre* de Zola.
– Collection « Vie quotidienne » (éd. Hachette) : *Vie quotidienne des paysans bretons au XIXe siècle* de Yann Brékilien. *Vie quotidienne des paysans du Languedoc au XIXe siècle* de D. Fabre et J. Lacroix.

8. Une précieuse collaboratrice

Le mariage avec Bel-Ami n'a rien changé à la vie de Madeleine. Elle habite, en compagnie de son nouveau mari, le même appartement que du temps de Charles Forestier ; et le soir, souvent, comme elle le faisait pour Charles, elle souffle à Georges des sujets d'article pour La Vie Française.

« On m'a apporté des nouvelles graves, tantôt, des nouvelles du Maroc. C'est Laroche-Mathieu[1] le député, le futur ministre, qui me les a données. Il faut que nous fassions un grand article, un article à sensation. J'ai des faits et des chiffres.
5 Nous allons nous mettre à la besogne immédiatement. Tiens, prends la lampe. »

Il la prit et ils passèrent dans le cabinet de travail.

Les mêmes livres s'alignaient dans la bibliothèque qui portait maintenant sur son faîte les trois vases achetés, au golfe
10 Juan, par Forestier, la veille de son dernier jour. Sous la table, la chancelière[2] du mort attendait les pieds de Du Roy, qui s'empara, après s'être assis, du porte-plume d'ivoire, un peu mâché au bout par la dent de l'autre.

Madeleine s'appuya à la cheminée, et ayant allumé une
15 cigarette, elle raconta ses nouvelles, puis exposa ses idées, et le plan de l'article qu'elle rêvait.

Il l'écoutait avec attention, tout en griffonnant des notes, et quand il eut fini il souleva des objections, reprit la question, l'agrandit, développa à son tour non plus un plan d'arti-
20 cle, mais un plan de campagne contre le ministère actuel. Cette attaque serait le début. Sa femme avait cessé de fumer, tant son intérêt s'éveillait, tant elle voyait large et loin en suivant la pensée de Georges.

Elle murmurait de temps en temps :

---

1. Ce personnage est un « amalgame » de deux députés affairistes de l'époque : Laroche-Joubert et Léon Renault.

2. Sac fourré, ouvert, où l'on glissait les pieds pour les tenir au chaud.

25 « Oui... oui... C'est très bon... C'est excellent... C'est très fort... »

Et quand il eut achevé, à son tour, de parler :

« Maintenant écrivons », dit-elle.

Mais il avait toujours le début difficile et il cherchait ses
30 mots avec peine. Alors elle vint doucement se pencher sur son épaule et elle se mit à lui souffler ses phrases tout bas, dans l'oreille.

De temps en temps elle hésitait et demandait :

« Est-ce bien ça que tu veux dire ? »

35 Il répondait :

« Oui, parfaitement. »

Elle avait des traits piquants, des traits venimeux de femme pour blesser le chef du Conseil[3], et elle mêlait des railleries sur son visage à celles sur sa politique, d'une façon drôle qui
40 faisait rire et saisissait en même temps par la justesse de l'observation.

Du Roy, parfois, ajoutait quelques lignes qui rendaient plus profonde en plus puissante la portée d'une attaque. Il savait, en outre, l'art des sous-entendus perfides, qu'il avait apppris
45 en aiguisant des échos, et quand un fait donné pour certain par Madeleine lui paraissait douteux ou compromettant, il excellait à le faire deviner et à l'imposer à l'esprit avec plus de force que s'il l'eût affirmé.

Quand leur article fut terminé, Georges le relut tout haut,
50 en le déclamant. Ils le jugèrent admirable d'un commun accord et ils se souriaient, enchantés et surpris, comme s'ils venaient de se révéler l'un à l'autre. Ils se regardaient au fond des yeux, émus d'admiration et d'attendrissement, et ils s'embrassèrent avec élan, avec une ardeur d'amour commu-
55 niquée de leurs esprits à leurs corps. [...]

L'article parut sous la signature de Georges Du Roy de Cantel, et fit grand bruit. On s'en émut à la Chambre[4]. Le père Walter en félicita l'auteur et le chargea de la rédaction politique de *La Vie Française*. Les échos revinrent à Boisre-
60 nard.

Alors commença, dans le journal, une campagne habile et

---

3. Le président du Conseil qui dirige le cabinet ministériel ; aujourd'hui on le nomme
Premier ministre.

4. Chambre des députés.

violente contre le ministère qui dirigeait les affaires. L'attaque, toujours adroite et nourrie de faits, tantôt ironique, tantôt
sérieuse, parfois plaisante, parfois virulente, frappait avec
65 une sûreté et une continuité dont tout le monde s'étonnait.
Les autres feuilles citaient sans cesse *La Vie Française*, y
coupaient des passages entiers, et les hommes du pouvoir
s'informèrent si on ne pouvait pas bâillonner[5] avec une pré-
fecture cet ennemi inconnu et acharné.

70 Du Roy devenait célèbre dans les groupes politiques. Il
sentait grandir son influence à la pression des poignées de
main et à l'allure des coups de chapeau. Sa femme, d'ailleurs,
l'emplissait de stupeur et d'admiration par l'ingéniosité de
son esprit, l'habileté de ses informations et le nombre de ses
75 connaissances.

À tout moment, il trouvait dans son salon, en rentrant chez
lui, un sénateur, un député, un magistrat, un général, qui
traitaient Madeleine en vieille amie, avec une familiarité
sérieuse. Où avait-elle connu tous ces gens ? Dans le monde,
80 disait-elle. Mais comment avait-elle su capter leur confiance
et leur affection ? Il ne le comprenait pas.

« Ça ferait une rude diplomate », pensait-il.

Elle rentrait souvent en retard aux heures des repas, essou-
flée, rouge, frémissante, et, avant même d'avoir ôté son voile,
85 elle disait :

« J'en ai du nanan[6], aujourd'hui. Figure-toi que le ministre
de la Justice vient de nommer deux magistrats qui ont fait
partie des commissions mixtes[7]. Nous allons lui flanquer un
abattage[8] dont il se souviendra. »

90 Et on flanquait un abattage au ministre, et on lui en reflan-
quait un autre le lendemain et un troisième le jour suivant.
Le député Laroche-Mathieu qui dînait rue Fontaine tous les
mardis, après le comte de Vaudrec qui commençait la
semaine, serrait vigoureusement les mains de la femme et du
95 mari avec des démonstrations de joie excessives. Il ne cessait
de répéter : « Cristi, quelle campagne. Si nous ne réussissons
pas après ça ? »

Il espérait bien réussir en effet à décrocher le portefeuille
des Affaires étrangères qu'il visait depuis longtemps.

---

5. Faire taire.
6. Chose agréable, exquise comme une
friandise.

7. Commissions parlementaires.
8. Attaque virulente.

100 C'était un de ces hommes politiques à plusieurs faces, sans conviction, sans grands moyens, sans audace et sans connaissances sérieuses, avocat de province, joli homme de chef-lieu, gardant un équilibre de finaud[9] entre tous les partis extrêmes, sorte de jésuite[10] républicain et de champignon libéral[11] de
105 nature douteuse, comme il en pousse par centaines sur le fumier populaire du suffrage universel [...]

On disait partout de lui : « Laroche sera ministre », et il pensait aussi plus fermement que tous les autres que Laroche serait ministre.

110 Il était un des principaux actionnaires du journal du père Walter, son collègue et son associé en beaucoup d'affaires de finances.

Du Roy le soutenait avec confiance et avec des espérances confuses pour plus tard. Il ne faisait que continuer d'ailleurs
115 l'œuvre commencée par Forestier, à qui Laroche-Mathieu avait promis la croix[12], quand serait venu le jour du triomphe. La décoration irait sur la poitrine du nouveau mari de Madeleine ; voilà tout. Rien n'était changé, en somme.

On sentait si bien que rien n'était changé, que les confrères
120 de Du Roy lui montaient une scie[13] dont il commençait à se fâcher.

On ne l'appelait plus que Forestier.

Aussitôt qu'il arrivait au journal, quelqu'un criait : « Dis donc, Forestier. »
125 Il feignait de ne pas entendre et cherchait les lettres dans son casier. La voix reprenait, avec plus de force : « Hé ! Forestier. » Quelques rires étouffés couraient.

Comme Du Roy gagnait le bureau du directeur, celui qui l'avait appelé l'arrêtait :
130 « Oh ! pardon ; c'est à toi que je veux parler. C'est stupide, je te confonds toujours avec ce pauvre Charles. Cela tient à ce que tes articles ressemblent bigrement aux siens. Tout le monde s'y trompe. »

Du Roy ne répondait rien, mais il rageait ; et une colère
135 sourde naissait en lui contre le mort.

Extrait de la deuxième partie, chapitre II.

---

9. Malin.
10. Ici, homme hypocrite.
11. Dont l'esprit est ouvert aux réformes démocratiques.

12. La croix de la Légion d'honneur.
13. Rengaine.

Comprendre le texte

1. Au cours de la séance de travail, qui des deux époux prend l'initiative ? Comment se manifeste le caractère impérieux de cette initiative ? Relevez les temps et modes employés.

2. Avant de décrire cette séance de travail, Maupassant s'attarde sur le décor du bureau : que veut-il nous faire comprendre ?

3. Analysez les étapes de ce travail en duo et le rôle joué par chacun à chaque étape. En quoi les époux sont-ils complémentaires ?

4. Quels sentiments éprouvent Madeleine et Georges à la fin de la rédaction de l'article ? Étayez votre jugement avec des exemples.

5. Quelles sont les répercussions de cet article sur la vie politique française... et sur la carrière de Bel-Ami ?

6. Pourquoi la campagne de presse menée par *La Vie Française* est-elle à la fois « habile et violente » ? Quelle idée nous donne cette campagne sur le ton qui régnait dans les journaux d'alors ?

7. Quels gens fréquentent le salon de Madeleine du Roy et en quoi peuvent-ils favoriser les ambitions du couple Duroy ?

8. Quels changements notez-vous chez Madeleine ? Que devinons-nous à travers ses démarches mystérieuses ?

9. Quelle est la nature des liens entre le député Laroche-Mathieu et M. Walter ? Comment est-il reçu chez les Duroy ?

10. Étudiez le portrait de Laroche-Mathieu : quelles anecdotes, quelles métaphores le dépeignent avec une lucidité cruelle ? En quoi ce portrait est-il une charge d'une certaine race de députés et une critique du système politique français à cette époque ?

11. Comment s'expliquent les moqueries des journalistes à l'égard du nouveau mari de Madeleine ? De quelle façon réagit Bel Ami ?

Analyser les techniques d'écriture

Faire évoluer un personnage au fil des chapitres

Entre le Georges auquel Madeleine donne sa première « leçon » de rédaction (extrait III, l. 162 à 222, p. 32) et le Georges qui compose un article avec la collaboration de sa femme, Maupassant note des similitudes mais aussi des différences qui prouvent que le héros a mûri, progressé et acquis un certain savoir-faire.
– Comparez les deux séances de travail et notez dans quel domaine Georges s'est amélioré, même si certains blocages subsistent.

Étudier la grammaire

L'utilisation des pronoms personnels

Lors de la séance de travail du couple, Maupassant fait alterner les trois pronoms *il, elle, ils*. Que cherche-t-il à nous faire ressentir par ce procédé ?

L'utilisation en alternance du passé simple et de l'imparfait

Au cours de cette même séance de travail, l'auteur emploie tantôt un temps et tantôt l'autre.
– Précisez à l'aide d'exemples puisés dans le texte de quel temps il se sert quand il veut exprimer une action rapide ? simultanée ? continue ? habituelle ?

S'exprimer

Programme Cadre /
L'école Handsworth

Débat : Travailler en équipe

Quel est l'intérêt du travail en équipe pour la recherche de l'information, la constitution d'un dossier ou la rédaction d'un texte ? Quels sont les obstacles qui peuvent nuire à ce type de travail, voire le rendre impossible ? En observant la collaboration professionnelle efficace de Georges et de Madeleine, énoncez les conditions qu'il faut réunir pour réaliser un fructueux travail de groupe.

Se documenter

La presse et la politique

En France, dès l'origine, la presse se trouve liée indissolublement au pouvoir politique. En effet, lorsque Théophraste Renaudot crée en 1631 le premier journal français, *La Gazette*, c'est avec la bénédiction du cardinal de Richelieu, premier ministre du roi Louis XIII. Car l'habile homme d'état a bien compris l'influence que peut exercer un journal sur l'opinion publique et il entend contrôler au profit de la royauté cette arme redoutable. Ses successeurs auront la même position et c'est ainsi que le journal fondé par Renaudot, devenu en 1662 *La Gazette de France*, gardera jusqu'en 1789 le monopole des nouvelles politiques intérieures et extérieures.
– En consultant la bibliographie mentionnée à la page 44, retracez brièvement les étapes qui ont permis à la presse, durant le XIXe siècle, de gagner sa liberté d'expression et d'élargir considérablement son audience.

9. La conquête de la « Patronne »

*Ulcéré d'être sans cesse comparé au défunt Forestier,
Georges en veut inconsciemment à sa femme de l'avoir placé
dans une telle situation. Il devient désagréable avec elle et
leurs rapports s'aigrissent. Alors, repris par la rage de
séduire, Bel-Ami renoue avec son ancienne maîtresse, Clotilde de Marelle, tout en rêvant de conquérir Mme Walter,
laquelle a la réputation d'être une femme vertueuse.*

Il se présenta boulevard Malesherbes, dès deux heures. On
le fit entrer dans le salon. Il attendit.

Mme Walter parut, la main tendue avec un empressement
heureux.

5 « Quel bon vent vous amène ?

– Aucun bon vent, mais un désir de vous voir. Une force
m'a poussé chez vous, je ne sais pourquoi, je n'ai rien à vous
dire. Je suis venu, me voilà ! me pardonnez-vous cette visite
matinale et la franchise de l'explication ? »

10 Il disait cela d'un ton galant et badin[1], avec un sourire sur
les lèvres et un accent sérieux dans la voix.

Elle restait étonnée, un peu rouge, balbutiant :

« Mais... vraiment... je ne comprends pas... vous me sur-
prenez... »

15 Il ajouta :

« C'est une déclaration sur un air gai, pour ne pas vous
effrayer. »

Ils s'étaient assis l'un près de l'autre. Elle prit la chose de
façon plaisante.

20 « Alors, c'est une déclaration... sérieuse ?

– Mais oui ! Voici longtemps que je voulais vous la faire,
très longtemps même. Et puis, je n'osais pas. On vous dit si
sévère, si rigide... »

---

1. Léger et gai.

Elle avait retrouvé son assurance. Elle répondit :
25 « Pourquoi avez-vous choisi aujourd'hui ?
— Je ne sais pas. » Puis il baissa la voix : « Ou plutôt, c'est
parce que je ne pense qu'à vous, depuis hier. »
Elle balbutia, pâlie tout à coup :
« Voyons, assez d'enfantillages, et parlons d'autre chose. »
30 Mais il était tombé à ses genoux si brusquement qu'elle
eut peur. Elle voulut se lever ; il la tenait assise de force de
ses deux bras enlacés à la taille et il répétait d'une voix
passionnée :
« Oui, c'est vrai que je vous aime, follement, depuis long-
35 temps. Ne me répondez pas. Que voulez-vous, je suis fou !
Je vous aime... Oh ! si vous saviez, comme je vous aime ! »
Elle suffoquait, haletait, essayait de parler et ne pouvait
prononcer un mot. Elle le repoussait de ses deux mains,
l'ayant saisi aux cheveux pour empêcher l'approche de cette
40 bouche qu'elle sentait venir vers la sienne. Et elle tournait la
tête de droite à gauche et de gauche à droite, d'un mouvement
rapide, en fermant les yeux pour ne plus le voir.
Il la touchait à travers sa robe, la maniait, la palpait ; et
elle défaillait sous cette caresse brutale et forte. Il se releva
45 brusquement et voulut l'étreindre, mais, libre une seconde,
elle s'était échappée en se rejetant en arrière, et elle fuyait
maintenant de fauteuil en fauteuil.
Il jugea ridicule cette poursuite, et il se laissa tomber sur
une chaise, la figure dans ses mains, en feignant des sanglots
50 convulsifs[2].
Puis il se redressa, cria : « Adieu ! adieu ! » et il s'enfuit.
Il reprit tranquillement sa canne dans le vestibule et gagna
la rue en se disant : « Cristi, je crois que ça y est. » Et il
passa au télégraphe pour envoyer un petit bleu[3] à Clotilde[4],
55 lui donnant rendez-vous le lendemain. [...]

*Bel-Ami revoit Mme Walter à un dîner mondain et là, il
réussit à lui arracher un rendez-vous secret dans l'église de
la Trinité.*

---

2. Nerveux, spasmodiques et violents.
3. Télégramme.

4. Il s'agit de sa maîtresse régulière, Clotilde de Marelle.

La place de la Trinité était presque déserte, sous un éclatant soleil de juillet. Une chaleur pesante écrasait Paris, comme si l'air de là-haut, alourdi, brûlé, était retombé sur la ville, de l'air épais et cuisant[5] qui faisait mal dans la poitrine. [...]

60 Du Roy tira sa montre. Il n'était encore que trois heures. Il avait trente minutes d'avance.

Il riait en pensant à ce rendez-vous. « Les églises lui sont bonnes à tous les usages, se disait-il. Elles la consolent d'avoir épousé un juif, lui donnent une attitude de protestation dans le

65 monde politique, une allure comme il faut dans le monde distingué, et un abri pour ses rencontres galantes. Ce que c'est que l'habitude de se servir de la religion comme on se sert d'un en-tout-cas. S'il fait beau, c'est une canne ; s'il fait du soleil, c'est une ombrelle ; s'il pleut, c'est un parapluie, et, si

70 on ne sort pas, on le laisse dans l'antichambre. Et elles sont des centaines comme ça, qui se fichent du bon Dieu comme d'une guigne, mais qui ne veulent pas qu'on en dise du mal et qui le prennent à l'occasion pour entremetteur... Si on leur proposait d'entrer dans un hôtel meublé, elles trouveraient ça

75 une infamie, et il leur semble tout simple de filer l'amour au pied des autels. »

Il marchait lentement le long du bassin ; puis il regarda l'heure de nouveau à l'horloge du clocher, qui avançait de deux minutes sur sa montre. Elle indiquait trois heures cinq.

80 Il jugea qu'il serait encore mieux dedans ; et il entra.

Une fraîcheur de cave le saisit ; il l'aspira avec bonheur, puis il fit le tour de la nef pour bien connaître l'endroit. [...]

De place en place, une vieille femme agenouillée priait, la figure dans ses mains.

85 Une sensation de solitude, de désert, de repos, saisissait l'esprit. La lumière, nuancée par les vitraux, était douce aux yeux.

Du Roy trouva qu'il faisait « rudement bon » là-dedans. [...]

Quelqu'un entra. Georges se retourna brusquement. C'était

90 une femme du peuple, en jupe de laine, une pauvre femme, qui tomba à genoux, près de la première chaise, et resta immobile, les doigts croisés, le regard au ciel, l'âme envolée dans la prière.

5. Douloureux comme un brûlure.

Du Roy la regardait avec intérêt, se demandant quel chagrin,
95 quelle douleur, quel désespoir pouvaient broyer ce cœur
infime[6]. Elle crevait de misère ; c'était visible. Elle avait peut-
être encore un mari qui la tuait de coups ou bien un enfant
mourant.

Il murmurait mentalement : « Les pauvres êtres. Y en a-t-il
100 qui souffrent pourtant. » Et une colère lui vint contre l'impi-
toyable nature. Puis il réfléchit que ces gueux[7] croyaient au
moins qu'on s'occupait d'eux là-haut et que leur état civil se
trouvait inscrit sur les registres du ciel avec la balance de la
dette et de l'avoir. « Là-haut » Où donc ?

105 Et Du Roy, que le silence de l'église poussait aux vastes
rêves, jugeant d'une pensée la création, prononça, du bout des
lèvres : « Comme c'est bête tout ça. »

Un bruit de robe le fit tressaillir. C'était elle.

Il se leva, s'avança vivement. Elle ne lui tendit pas la main,
110 et murmura, à voix basse :

« Je n'ai que peu d'instants. Il faut que je rentre, mettez-vous
à genoux, près de moi, pour qu'on ne nous remarque pas. »

Et elle s'avança dans la grande nef, cherchant un endroit
convenable et sûr, en femme qui connaît bien la maison. Sa
115 figure était cachée par un voile épais, et elle marchait à pas
sourds qu'on entendait à peine.

Quand elle fut arrivée près du chœur[8], elle se retourna et
marmotta, de ce ton toujours mystérieux qu'on garde dans les
églises :

120 « Les bas-côtés vaudront mieux. On est trop en vue par
ici. »

Elle salua le tabernacle[9] du maître-autel[10] d'une grande incli-
naison de tête, renforcée d'une légère révérence, et elle tourna
à droite, revint un peu vers l'entrée, puis, prenant une résolu-
125 tion, elle s'empara d'un prie-Dieu et s'agenouilla.

Georges prit possession du prie-Dieu voisin, et, dès qu'ils
furent immobiles, dans l'attitude de l'oraison :

---

6. Pauvre, pitoyable.
7. Pauvres gens.
8. Partie de la nef d'une église, devant le
maître-autel, où se tient le clergé durant
l'office.
9. Petite armoire qui occupe le milieu de
l'autel et contient le ciboire où l'on ren-
ferme les hosties destinées à la communion des fidèles.
10. Autel principal d'une église placé dans
l'axe de la nef.

« Merci, merci, dit-il. Je vous adore. Je voudrais vous le dire
toujours, vous raconter comment j'ai commencé à vous aimer,
130 comment j'ai été séduit la première fois que je vous ai vue...
Me permettrez-vous, un jour, de vider mon cœur, de vous
exprimer tout cela ? »

Elle l'écoutait dans une attitude de méditation profonde,
comme si elle n'eût rien entendu. Elle répondit entre ses doigts :
135 « Je suis folle de vous laisser me parler ainsi, folle d'être
venue, folle de faire ce que je fais, de vous laisser croire que
cette... cette... cette aventure peut avoir une suite. Oubliez cela,
il le faut, et ne m'en reparlez jamais. »

Elle attendit. Il cherchait une réponse, des mots décisifs,
140 passionnés, mais ne pouvant joindre le geste aux paroles, son
action se trouvait paralysée.

Il reprit :
« Je n'attends rien... je n'espère rien. Je vous aime. Quoi
que vous fassiez, je vous le répéterai si souvent, avec tant de
145 force et d'ardeur, que vous finirez bien par le comprendre. Je
veux faire pénétrer en vous ma tendresse, vous la verser dans
l'âme, mot par mot, heure par heure, jour par jour, de sorte
qu'enfin elle vous imprègne comme une liqueur tombée goutte
à goutte, qu'elle vous adoucisse, vous amollisse et vous force,
150 plus tard, à me répondre : « Moi aussi je vous aime. »

Il sentait trembler son épaule contre lui et sa gorge palpiter ;
et elle balbutia, très vite :
« Moi aussi, je vous aime. »

Il eut un sursaut, comme si un grand coup lui fût tombé sur
155 la tête, et il soupira :
« Oh ! mon Dieu !... »

Elle reprit, d'une voix haletante :
« Est-ce que je devrais vous dire cela ? Je me sens coupable
et méprisable... moi... qui ai deux filles... mais je ne peux pas...
160 je ne peux pas... Je n'aurais pas cru... je n'aurais jamais pensé...
c'est plus fort... plus fort que moi. Écoutez... écoutez... je n'ai
jamais aimé... que vous... je vous le jure. Et je vous aime depuis
un an, en secret, dans le secret de mon cœur. Oh ! j'ai souffert,
allez, et lutté, je ne peux plus, je vous aime... »

165 Elle pleurait dans ses doigts croisés sur son visage, et tout
son corps frémissait, secoué par la violence de son émotion.

Dévotion à l'église. Illustraiton de Pierre Vidal.

Georges murmura :

« Donnez-moi votre main, que je la touche, que je la presse... »

170 Elle ôta lentement sa main de sa figure. Il vit sa joue toute mouillée, et une goutte d'eau prête à tomber encore au bord des cils.

Il avait pris cette main, il la serrait :

« Oh ! comme je voudrais boire vos larmes. »

175 Elle dit d'une voix basse et brisée, qui ressemblait à un gémissement :

« N'abusez pas de moi... je me suis perdue ! »

Il eut envie de sourire. Comment aurait-il abusé d'elle en ce lieu ? Il posa sur son cœur la main qu'il tenait, en deman-
180 dant : « Le sentez-vous battre ? » Car il était à bout de phrases passionnées.

Extrait de la deuxième partie, chapitres III et IV.

Comprendre le texte

1. Comment s'y prend Bel-Ami pour amener sa déclaration de façon naturelle ? Notez les réactions de Mme Walter et montrez qu'elles trahissent sous une façade mondaine un trouble profond.

2. Comparez cette scène de séduction à celle du chapitre V où Bel-Ami se déclare à Madeleine. Quelles similitudes et quelles différences notez-vous ? En observant le comportement du héros dans les deux situations, montrez comment un bon séducteur s'adapte aux réactions de la femme qu'il convoite.

3. Sur quelle antithèse est construite la seconde partie de cette scène (l. 30 à 55) ? Que veut nous faire comprendre Maupassant par ce contraste appuyé entre deux sentiments opposés ?

4. Analysez le monologue de Bel-Ami devant l'église : le contenu, le style, les métaphores. Quelle opinion Duroy et Maupassant ont-ils des femmes du monde ?

5. Quelles sensations assaillent Georges à son entrée dans l'église ? En quoi influencent-elles son humeur ?

6. Comment réagit Bel-Ami en voyant prier la femme du peuple ? Montrez que ses réflexions forment alors un parfait contraste avec son monologue précédent. Quelle angoisse, déjà observée chez le héros, refait surface à ce moment ?

7. Quelles notations prouvent que Mme Walter connaît bien l'église de la Trinité et qu'elle est accoutumée aux démarches discrètes ? Que veut nous faire ressentir l'auteur en insistant sur les gestes de piété de l'héroïne ?

8. Qu'est-ce qui embarrasse Bel-Ami dans ce rendez-vous galant ? Que pensez-vous du style de sa déclaration d'amour ?

9. Comment réagit Mme Walter ? Par quels procédés de style Maupassant nous rend-il perceptible le degré de son émotion ?

10. Notez le contraste entre les paroles de Bel-Ami et les observations de l'auteur : que comprenons-nous ?

Analyser les techniques d'écriture

Les composantes d'une tragi-comédie

Les deux scènes qui mettent aux prises Mme Walter et Bel-Ami sont à la fois comiques et pathétiques.
– Comment s'explique un tel contraste et par quels procédés l'auteur parvient-il à mêler ces deux climats ? À l'aide d'exemples puisés dans le texte, recensez ces procédés.

Étudier le vocabulaire

Les attitudes de la passion

Mme Walter, éperdument amoureuse, et Bel-Ami, qui joue la comédie de la passion, ont tous deux un comportement excessif que Maupassant dépeint par une série de verbes imagés.
Relevez ces verbes.

S'exprimer

Exercice d'adaptation : réécrire une scène en lui donnant un autre éclairage

Reprenez la première scène d'amour entre Mme Walter et Bel-Ami (l. 1 à 5) en supposant que Georges, au lieu d'être un séducteur cynique, soit un amoureux sincèrement épris. Vous pourrez garder certains passages de Maupassant, mais il vous faudra en revanche modifier certaines attitudes de Bel-Ami et changer son monologue intérieur.

10. L'ascension
de *La Vie Française*

*Après son rendez-vous à la Trinité, Georges Duroy passe au
journal.*

Dès l'entrée, il vit à la mine affairée des garçons, qu'il se
passait des choses anormales, et il entra brusquement dans
le cabinet du directeur.

Le père Walter, debout, nerveux, dictait un article par
5 phrases hachées, donnait, entre deux alinéas, des missions à
ses reporters qui l'entouraient, faisait des recommandations
à Boisrenard[1], et décachetait des lettres.

Quand Du Roy entra, le patron poussa un cri de joie :

« Ah ! quelle chance, voilà Bel-Ami ! »

10 Il s'arrêta net, un peu confus, et s'excusa :

« Je vous demande pardon de vous avoir appelé ainsi, je
suis très troublé par les circonstances. Et puis, j'entends ma
femme et mes filles vous nommer « Bel-Ami » du matin au
soir, et je finis par en prendre moi-même l'habitude. Vous
15 ne m'en voulez pas ? »

Georges riait :

« Pas du tout. Ce surnom n'a rien qui me déplaise. »

Le père Walter reprit :

« Très bien, alors je vous baptise Bel-Ami comme tout le
20 monde. Eh bien, voilà, nous avons de gros événements. Le
ministère est tombé[2] sur un vote de trois cent dix voix contre
cent deux. Nos vacances sont encore remises, remises aux
calendes grecques[3], et nous voici au 28 juillet. L'Espagne se
fâche pour le Maroc, c'est ce qui a jeté bas Durand de l'Aine
25 et ses acolytes[4]. Nous sommes dans le pétrin jusqu'au cou.

---

1. Le journaliste qui a repris la rubrique des
Échos quand Georges est devenu rédacteur politique.
2. Le gouvernement a posé une question
de confiance aux députés et à la suite du
vote de ceux-ci a été mis en minorité, donc
a dû démissionner. D'où la nécessité de
reformer un autre cabinet ministériel.
3. Remis à un temps qui ne viendra jamais.
4. Complices louches.

Marrot est chargé de former un nouveau cabinet. Il prend le
général Boutin d'Acre à la guerre et notre ami Laroche-
Mathieu aux Affaires étrangères. Il garde lui-même le portefeuille de l'Intérieur, avec la présidence du Conseil. Nous
30 allons devenir une feuille officieuse. Je fais l'article de tête,
une simple déclaration de principes, en traçant leur voie aux
ministres. »

Le bonhomme sourit et reprit :

« La voie qu'ils comptent suivre, bien entendu. Mais il me
35 faudrait quelque chose d'intéressant sur la question du Maroc,
une actualité, une chronique à effet, à sensation, je ne sais
quoi ? Trouvez-moi ça, vous. »

Du Roy réfléchit une seconde puis répondit :

« J'ai votre affaire. Je vous donne une étude sur la situation
40 politique de toute notre colonie africaine, avec la Tunisie à
gauche, l'Algérie au milieu, et le Maroc à droite, l'histoire
des races qui peuplent ce grand territoire, et le récit d'une
excursion sur la frontière marocaine jusqu'à la grande oasis
de Figuig où aucun Européen n'a pénétré et qui est la cause
45 du conflit actuel. Ça vous va-t-il ? »

Le père Walter s'écria :

« Admirable ! Et quel titre ?

– De Tunis à Tanger !

– Superbe. »

50 Et Du Roy s'en alla fouiller dans la collection de *La Vie
Française* pour retrouver son premier article : « Les
Mémoires d'un chasseur d'Afrique », qui, débaptisé, retapé
et modifié, ferait admirablement l'affaire, d'un bout à l'autre,
puisqu'il y était question de politique coloniale, de la popu-
55 lation algérienne et d'une excursion dans la province d'Oran.

En trois quarts d'heure, la chose fut refaite, rafistolée, mise
au point, avec une saveur d'actualité, et des louanges pour
le nouveau cabinet.

Le directeur, ayant lu l'article, déclara :

60 « C'est parfait... parfait... parfait. Vous êtes un homme
précieux. Tous mes compliments. » [...]

*Mme Walter devient la maîtresse de Bel-Ami, tandis que
celui-ci mène, au sein de* La Vie Française, *une campagne
énergique en faveur du nouveau Ministère.*

89

La Vie Française avait gagné une importance considérable à ses attaches connues avec le Pouvoir. Elle donnait, avant les feuilles les plus sérieuses, les nouvelles politiques, indi-
65 quait par des nuances les intentions des ministres, ses amis ; et tous les journaux de Paris et de la province cherchaient chez elle leurs informations. On la citait, on la redoutait, on commençait à la respecter. Ce n'était plus l'organe suspect d'un groupe de tripoteurs[5] politiques, mais l'organe avoué du
70 cabinet. Laroche-Mathieu était l'âme du journal et Du Roy son porte-voix. Le père Walter, député muet et directeur cauteleux[6], sachant s'effacer, s'occupait dans l'ombre, disait-on, d'une grosse affaire de mines de cuivre, au Maroc.

Le salon de Madeleine était devenu un centre influent, où
75 se réunissaient chaque semaine plusieurs membres du cabinet. Le président du Conseil avait même dîné deux fois chez elle ; et les femmes des hommes d'État, qui hésitaient autrefois à franchir sa porte, se vantaient à présent d'être ses amies, lui faisant plus de visites qu'elles n'en recevaient
80 d'elle.

Le ministre des Affaires étrangères régnait presque en maître dans la maison. Il y venait à toute heure, apportant des dépêches, des renseignements, des informations qu'il dictait soit au mari, soit à la femme, comme s'ils eussent été ses
85 secrétaires.

Quand Du Roy, après le départ du ministre, demeurait seul en face de Madeleine, il s'emportait, avec des menaces dans la voix, et des insinuations perfides dans les paroles, contre les allures de ce médiocre parvenu[7].
90 Mais elle haussait les épaules avec mépris, répétant : « Fais-en autant que lui, toi. Deviens ministre ; et tu pourras faire ta tête. Jusque-là, tais-toi. »

Il frisait sa moustache en la regardant de côté.

« On ne sait pas de quoi je suis capable, disait-il, on
95 l'apprendra peut-être, un jour. »

Elle répondait avec philosophie :

« Qui vivra, verra. »

---

5. Spéculateurs qui trament des combi-naisons malhonnêtes.
6. Rusé et hypocrite.
7. Arriviste.

Bel-Ami ne tarde pas à se lasser de sa liaison avec Mme Walter. Mais celle-ci, très amoureuse, cherche tous les prétextes pour le retenir.

Quand il vit les larmes arriver, il prit son chapeau sur le coin de la cheminée :

100 « Ah ! tu vas pleurer ! Alors, bonsoir. C'est pour cette représentation-là que tu m'avais fait venir ? »

Elle fit un pas afin de lui barrer la route et, tirant vivement un mouchoir de sa poche, s'essuya les yeux d'un geste brusque. Sa voix s'affermit sous l'effort de sa volonté et elle dit

105 interrompue par un chevrotement de douleur :

« Non... je suis venue pour... pour te donner une nouvelle... une nouvelle politique... pour te donner le moyen de gagner cinquante mille francs... ou même plus... si tu veux. »

Il demanda, adouci tout à coup :

110 « Comment ça ! Qu'est-ce que tu veux dire ?

– J'ai surpris par hasard, hier soir, quelques mots de mon mari et de Laroche. Ils ne se cachaient pas beaucoup devant moi, d'ailleurs. Mais Walter recommandait au ministre de ne pas te mettre dans le secret parce que tu dévoilerais tout. »

115 Du Roy avait reposé son chapeau sur une chaise. Il attendait, très attentif.

« Alors, qu'est-ce qu'il y a ?

– Ils vont s'emparer du Maroc !

– Allons donc. J'ai déjeuné avec Laroche qui m'a presque

120 dicté les intentions du cabinet.

– Non, mon chéri, ils t'ont joué parce qu'ils ont peur qu'on connaisse leur combinaison.

– Assieds-toi », dit Georges.

Et il s'assit lui-même sur son fauteuil. Alors elle attira par

125 terre un petit tabouret, et s'accroupit dessus, entre les jambes du jeune homme. Elle reprit, d'une voix câline :

« Comme je pense toujours à toi, je fais attention maintenant à tout ce qu'on chuchote autour de moi. »

Et elle se mit, doucement, à lui expliquer comment elle

130 avait deviné depuis quelque temps qu'on préparait quelque chose à son insu, qu'on se servait de lui en redoutant son concours.

Elle disait :

« Tu sais, quand on aime, on devient rusée. »

135   Enfin, la veille, elle avait compris. C'était une grosse affaire, une très grosse affaire préparée dans l'ombre. Elle souriait maintenant, heureuse de son adresse ; elle s'exaltait, parlant en femme de financier, habituée à voir machiner les coups de bourse, les évolutions des valeurs[8], les accès de
140 hausse et de baisse ruinant en deux heures de spéculation des milliers de petits bourgeois, de petits rentiers, qui ont placé leurs économies sur des fonds garantis par des noms d'hommes honorés, respectés, hommes politiques ou hommes de banque.

145   Elle répétait :

« Oh ! c'est très fort ce qu'ils ont fait. Très fort. C'est Walter qui a tout mené d'ailleurs, et il s'y entend. Vraiment, c'est de premier ordre. »

Il s'impatientait de ces préparations.

150   « Voyons, dis vite.

– Eh bien, voilà. L'expédition de Tanger[9] était décidée entre eux dès le jour où Laroche a pris les Affaires étrangères ; et, peu à peu, ils ont racheté tout l'emprunt du Maroc qui était tombé à soixante-quatre ou cinq francs. Ils l'ont
155 racheté très habilement, par le moyen d'agents suspects, véreux[10], qui n'éveillaient aucune méfiance. Ils ont roulé même les Rothschild[11], qui s'étonnaient de voir toujours demander du marocain[12]. On leur a répondu en nommant les intermédiaires, tous tarés[13], tous à la côte. Ça a tranquillisé
160 la grande banque. Et puis maintenant on va faire l'expédition, et dès que nous serons là-bas, l'État français garantira la dette. Nos amis auront gagné cinquant ou soixante millions. Tu comprends l'affaire ? Tu comprends aussi comme on a peur de tout le monde, peur de la moindre indiscrétion. »

165   Elle avait appuyé sa tête sur le gilet du jeune homme, et les bras posés sur ses jambes, elle se serrait, se collait contre lui, sentant bien qu'elle l'intéressait à présent, prête à tout faire, à tout commettre, pour une caresse, pour un sourire.

---

8. Titres cotés en Bourse qui représentent une fraction du capital des sociétés.
9. Il s'agit en fait de l'expédition de Tunis où le gouvernement français poussé par des députés liés aux milieux d'affaires, envahit la Tunisie et racheta la dette contractée par le bey de Tunis.

10. Corrompus.
11. Grande famille de banquiers.
12. Emprunt marocain.
13. Déconsidérés.

Il demanda :
« Tu es bien sûre ? »
Elle répondit avec confiance :
« Oh ! je crois bien ! »
Il déclara :
« C'est très fort, en effet. Quant à ce salop de Laroche,

175 en voilà un que je repincerai. Oh ! le gredin ! qu'il prenne
garde à lui... qu'il prenne garde à lui... Sa carcasse de ministre
me restera entre les doigts ! »

Puis il se mit à réfléchir, et il murmura :

« Il faudrait pourtant profiter de ça.

180   – Tu peux encore acheter de l'emprunt, dit-elle. Il n'est
qu'à soixante-douze francs. »

Il reprit :

« Oui, mais je n'ai pas d'argent disponible. »

Elle leva les yeux vers lui, des yeux pleins de supplication.

185   « J'y ai pensé, mon chat, et si tu étais bien gentil, bien
gentil, si tu m'aimais un peu, tu me laisserais t'en prêter. »
[...]

*Finalement convaincu, Bel-Ami charge sa maîtresse de lui
acheter pour 10 000 francs d'emprunt. À la même époque,
le comte de Vaudrec meurt en laissant toute sa fortune à
Madeleine. Alors, arguant de ses droits de mari, Georges
réussit à obtenir de sa femme la moitié de l'héritage.*

Depuis deux mois la conquête du Maroc était accomplie. La
France, maîtresse de Tanger, possédait toute la côte africaine
190 de la Méditerranée jusqu'à la régence de Tripoli[14], et elle
avait garanti la dette du nouveau pays annexé.

On disait que deux ministres gagnaient là une vingtaine de
millions, et on citait, presque tout haut, Laroche-Mathieu.

Quand à Walter, personne dans Paris n'ignorait qu'il avait
195 fait coup double et encaissé de trente à quarante millions sur
des mines de cuivre et de fer, ainsi que sur d'immenses ter-
rains achetés pour rien avant la conquête et revendus le lendemain de l'occupation française à des compagnies de colonisation.

200 Il était devenu, en quelques jours, un des maîtres du monde,
un de ces financiers omnipotents, plus forts que des rois, qui
font courber les têtes, balbutier les bouches et sortir tout ce
qu'il y a de bassesse, de lâcheté et d'envie au fond du cœur
humain.

---

14. Capitale de la Lybie. Très puissants et influents.

205   Il n'était plus le juif[15] Walter, patron d'une banque louche, directeur d'un journal suspect, député soupçonné de tripotages véreux. Il était Monsieur Walter, le riche Israélite[16]. [...]

    Du Roy rageait du triomphe du Patron.

210   Il s'était cru riche avec les cinq cent mille francs extorqués[17] à sa femme, et maintenant il se jugeait pauvre, affreusement pauvre, en comparant sa piètre fortune à la pluie de millions tombée autour de lui, sans qu'il eût su en rien ramasser.

215   Sa colère envieuse augmentait chaque jour. Il en voulait à tout le monde, aux Walter qu'il n'avait plus été voir chez eux, à sa femme qui, trompée par Laroche, lui avait déconseillé de prendre des fonds marocains, et il en voulait surtout au ministre qui l'avait joué[18], qui s'était servi de lui et qui
220 dînait à sa table deux fois par semaine. Georges lui servait de secrétaire, d'agent, de porte-plume, et quand il écrivait sous sa dictée, il se sentait des envies folles d'étrangler ce bellâtre[19] triomphant. Comme ministre, Laroche avait le succès modeste, et pour garder son portefeuille, il ne laissait
225 point deviner qu'il était gonflé d'or. Mais Du Roy le sentait, cet or, dans la parole plus hautaine de l'avocat parvenu, dans son geste plus insolent, dans ses affirmations plus hardies, dans sa confiance en lui complète.

    Laroche régnait, maintenant, dans la maison Du Roy, ayant
230 pris la place et les jours du comte de Vaudrec, et parlant aux domestiques ainsi qu'aurait fait un second maître.

    Georges le tolérait en frémissant, comme un chien qui veut mordre, et n'ose pas. Mais il était souvent dur et brutal pour Madeleine, qui haussait les épaules et le traitait en enfant
235 maladroit. Elle s'étonnait d'ailleurs de sa constante mauvaise humeur et répétait :

    « Je ne te comprends pas. Tu es toujours à te plaindre. Ta position est pourtant superbe. »

    Il tournait le dos et ne répondait rien.

Extraits de la deuxième partie, chapitre V.

---

15. Beaucoup de Français à cette époque étaient antisémites.
16. Personne qui appartient à la communauté juive. Cette dénommination était employée à la place du mot « juif » dont la tonalité était péjorative.

17. Soutirés.
18. Trompé.
19. Homme fat et niais.

Comprendre le texte

1. Quelles observations de l'auteur nous font comprendre qu'un événement d'importance vient de se produire ? En quoi cet événement est-il déterminant pour Walter et son journal ? Quelles expressions employées par le Patron montrent le rôle qu'il entend jouer dans le nouveau cabinet ministériel ?

2. À quels détails comprend-on que Bel-Ami est très estimé de Walter et de sa famille ? De quelle façon réagit-il à la requête de son directeur ? Montrez qu'il prouve en l'occurrence ses compétences et son expérience du métier journalistique.

3. Pourquoi *La Vie Française* joue-t-elle à présent un rôle de premier plan dans la vie politique française ? D'où lui viennent les informations, les directives et qui est chargé de les mettre en forme ? À quoi s'occupe durant ce temps M. Walter ?

4. Pourquoi les gens du monde se bousculent-ils dans le salon de Madeleine ? Quel personnage prend une importance croissante dans ce salon ? Que pensez-vous du comportement de cet homme et pourquoi est-il un sujet de discorde entre Madeleine et Georges.

5. Quelles observations de l'auteur nous dépeignent cruellement l'état des relations entre Bel-Ami et Mme Walter ? Relevez les paroles, gestes et mimiques montrant comment celle-ci cherche à retenir coûte que coûte un amant lassé.

6. Quelles sont les réactions de Bel-Ami devant les révélations de sa maîtresse ? En quoi sont-elles conformes à ce que nous savons déjà de lui ?

7. Par quelles opérations diverses le Patron Walter vient-il de gagner une fortune ? Montrez comment cet enrichissement malhonnête est une satire de la politique coloniale de la France à cette époque.

8. Analysez la trajectoire sociale de Walter : quelles informations nous donne-t-elle sur la haute société parisienne des années 1880 ? En quoi la destinée brillante de Walter illustre-t-elle et explique-t-elle le pessimisme profond de Maupassant ?

9. Quels sentiments divers agitent Bel-Ami devant le triomphe de Walter et de Laroche-Mathieu ? Par quels mots, quelles images l'auteur nous fait-il partager les états d'âme de son héros ?

S'exprimer

Rédaction : Tromperie et vengeance

Vous est-il arrivé d'être trompé par un ami en qui vous aviez confiance ? Quels sentiments avez-vous éprouvés ? Quelles idées de vengeance vous sont passés par la tête ?
– Faites-nous revivre cette situation en décrivant vos émotions, puis en racontant quelles suites vous avez données à la trahison de votre ami.

Se documenter

La presse et l'argent

Fonder un journal et le faire fonctionner coûte cher, très cher. Un prix de revient qui excède le revenu assuré par la vente des numéros au lecteur. Il a donc fallu de tous temps trouver des commanditaires disposés à investir une partie de leur fortune dans la création d'un journal. Ces commanditaires, bien sûr, étaient rarement désintéressés. S'ils voulaient être propriétaires d'une « feuille », c'était pour diffuser leurs idées politiques ou orienter l'information dans le sens de leurs intérêts financiers.
– Retrouvez, avec l'aide de votre professeur d'Histoire, certains scandales célèbres survenus sous la IIIe République et ayant révélé la complicité d'une partie de la presse avec les milieux politico-financiers.

11. La revanche de Bel-Ami

Grâce à Laroche-Mathieu, Georges obtient la décoration de la Légion d'honneur. Pourtant, il ne décolère pas contre le ministre qu'il soupçonne d'être l'amant de sa femme. En épiant les allées et venues de celle-ci, il parvient à découvrir l'adresse du logement meublé où elle retrouve Laroche-Mathieu. Alors il fait établir un constat d'adultère : ce qui lui permet de deshonorer le ministre et d'obtenir le divorce d'avec Madeleine.

Car il a besoin d'être libre pour réaliser sa nouvelle ambition : épouser Suzanne Walter, la fille du « Patron ». Afin de forcer le consentement des parents, il n'hésite pas à enlever Suzanne. Enlèvement qui se fait avec la complicité de la jeune fille, follement amoureuse de Bel-Ami... Par crainte du scandale, les Walter cèdent et accordent la main de leur fille à l'ambitieux journaliste.

Le mariage était fixé au 20 octobre, après la rentrée des Chambres[1]. Il aurait lieu à l'église de la Madeleine. On en avait beaucoup jasé sans savoir au juste la vérité. Différentes histoires circulaient. On chuchotait qu'un enlèvement avait
5 eu lieu, mais on n'était sûr de rien.

D'après les domestiques, Mme Walter, qui ne parlait plus à son futur gendre, s'était empoisonnée de colère le soir où cette union avait été décidée, après avoir fait conduire sa fille au couvent, à minuit.

10 On l'avait ramenée presque morte. Assurément, elle ne se remettrait jamais. Elle avait l'air maintenant d'une vieille femme ; ses cheveux devenaient tout gris ; et elle tombait dans la dévotion, communiant tous les dimanches.

Dans les premiers jours de septembre, *La Vie Française*
15 annonça que le baron Du Roy de Cantel devenait son rédacteur en chef, M. Walter conservant le titre de directeur.

---

1. La Chambre des Députés et le Sénat.

Alors on s'adjoignit un bataillon de chroniqueurs connus, d'échotiers, de rédacteurs politiques, de critiques d'art et de théâtre, enlevés à force d'argent aux grands journaux, aux
20 vieux journaux puissants et posés.

Les anciens journalistes, les journalistes graves et respectables ne haussaient plus les épaules en parlant de *La Vie Française*. Le succès rapide et complet avait effacé la mésestime des écrivains sérieux pour les débuts de cette feuille.

25 Le mariage de son rédacteur en chef fut ce qu'on appelle un fait parisien. George Du Roy et les Walter ayant soulevé beaucoup de curiosité depuis quelque temps. Tous les gens qu'on cite dans les échos se promirent d'y aller.

Cet événement eut lieu par un jour clair d'automne.

30 Dès huit heures du matin, tout le personnel de la Madeleine, étendant sur les marches du haut perron de cette église qui domine la rue Royale[2] un large tapis rouge, faisait arrêter les passants, annonçait au peuple de Paris qu'une grande cérémonie allait avoir lieu.

35 Les employés se rendant à leur bureau, les petites ouvrières, les garçons de magasin, s'arrêtaient, regardaient et songeaient vaguement aux gens riches qui dépensaient tant d'argent pour s'accoupler.

Vers dix heures, les curieux commencèrent à stationner.
40 Ils demeuraient là quelques minutes, espérant que peut-être ça commencerait tout de suite, puis ils s'en allaient.

À onze heures, des détachements de sergents de ville arrivèrent et se mirent presque aussitôt à faire circuler la foule, car des attroupements se formaient à chaque instant.

45 Les premiers invités apparurent bientôt, ceux qui voulaient être bien placés pour tout voir. Ils prirent les chaises en bordure, le long de la nef centrale.

Peu à peu, il en venait d'autres, des femmes qui faisaient un bruit d'étoffes, un bruit de soie, des hommes sévères,
50 presque tous chauves, marchant avec une correction mondaine, plus graves encore en ce lieu.

L'église s'emplissait lentement. Un flot de soleil entrait par l'immense porte ouverte éclairant les premiers rangs d'amis. Dans le chœur qui semblait un peu sombre, l'autel

---

2. La rue Royale relie la place de la Madeleine à la place de la Concorde.

55 couvert de cierges faisait une clarté jaune, humble et pâle en
face du trou de lumière de la grande porte.

On se reconnaissait, on s'appelait d'un signe, on se réu-
nissait par groupes. Les hommes de lettres, moins respectueux que les hommes du monde, causaient à mi-voix. On
60 regardait les femmes.

Norbert de Varenne, qui cherchait un ami, aperçut Jacques
Rival vers le milieu des lignes de chaises, et il le rejoignit.

« Eh bien, dit-il, l'avenir est aux malins ! » L'autre, qui
n'était point envieux, répondit : « Tant mieux pour lui. Sa
65 vie est faite. » Et ils se mirent à nommer les figures aperçues.

Rival demanda :

« Savez-vous ce qu'est devenue sa femme ? »

Le poète sourit :

« Oui et non. Elle vit très retirée, m'a-t-on dit, dans le
70 quartier Montmartre. Mais... il y a un mais... je lis depuis
quelque temps dans *La Plume* des articles politiques qui ressemblent terriblement à ceux de Forestier et de Du Roy. Ils
sont d'un nommé Jean Le Dol un jeune homme, beau garçon,
intelligent, de la même race que notre ami Georges, et qui a
75 fait la connaissance de son ancienne femme. D'où j'ai conclu
qu'elle aimait les débutants et les aimerait éternellement. Elle
est riche d'ailleurs. Vaudrec et Laroche-Mathieu n'ont pas
été pour rien les assidus de la maison. » [...]

Tout à coup le suisse[3] frappa trois fois le pavé du bois de
80 sa hallebarde. Toute l'assistance se retourna avec un long
frou-frou de jupes et un remuement de chaises. Et la jeune
femme apparut, au bras de son père, dans la vive lumière du
portail.

Elle avait toujours l'air d'un joujou, d'un délicieux joujou
85 blanc coiffé de fleurs d'oranger.

Elle demeura quelques instants sur le seuil, puis, quand
elle fit son premier pas dans la nef, les orgues poussèrent un
cri puissant, annoncèrent l'entrée de la mariée avec leur
grande voix de métal.

90 Elle s'en venait, la tête baissée, mais point timide, vaguement émue, gentille, charmante, une miniature d'épousée.
Les femmes souriaient et murmuraient en la regardant passer.

---

3. L'homme en uniforme qui règle la cérémonie.

Illustration de Ferdinand Bac (1859-1952) pour *Bel-Ami*.

Les hommes chuchotaient : « Exquise, adorable. » M. Walter
marchait avec une dignité exagérée, un peu pâle, les lunettes
95 d'aplomb sur le nez.
　　Derrière eux, quatre demoiselles d'honneur, toutes les
quatre vêtues de rose et jolies toutes les quatre, formaient
une cour à ce bijou de reine. Les garçons d'honneur, bien
choisis, conformes au type, allaient d'un pas qui semblait
100 réglé par un maître de ballet. [...]
　　Et toujours les orgues chantaient, poussaient par l'énorme
monument les accents ronflants et rythmés de leurs gorges
puissantes, qui crient au ciel la joie ou la douleur des hommes. On referma les grands battants de l'entrée, et, tout à
105 coup, il fit sombre comme si on venait de mettre à la porte
le soleil.
　　Maintenant Georges était agenouillé à côté de sa femme
dans le chœur, en face de l'autel illuminé. Le nouvel évêque

101

de Tanger[4], crosse en main, mitre en tête apparut, sortant de
110 la sacristie, pour les unir au nom de l'Éternel.

Il posa les questions d'usage, échangea les anneaux, prononça les paroles qui lient comme des chaînes, et il adressa
aux nouveaux époux une allocution[5] chrétienne. Il parla de
fidélité, longuement, en termes pompeux. C'était un gros
115 homme de grande taille, un de ces beaux prélats[6] chez qui le
ventre est une majesté.

Un bruit de sanglots fit retourner quelques têtes. Mme Walter pleurait, la figure dans ses mains. [...]

Plusieurs femmes, attendries, murmurèrent : « Comme la
120 pauvre mère est émue. »

L'évêque déclamait : « Vous êtes parmi les heureux de la
terre, parmi les plus riches et les plus respectés. Vous, monsieur, que votre talent élève au-dessus des autres, vous qui
écrivez, qui enseignez, qui conseillez, qui dirigez le peuple,
125 vous avez une belle mission à remplir, un bel exemple à
donner... »

Du Roy l'écoutait, ivre d'orgueil. Un prélat de l'Église
romaine lui parlait ainsi, à lui. Et il sentait, derrière son dos,
une foule, une foule illustre venue pour lui. Il lui semblait
130 qu'une force le poussait, le soulevait. Il devenait un des
maîtres de la terre, lui, lui, le fils des deux pauvres paysans
de Canteleu.

Il les vit tout à coup dans leur humble cabaret, au sommet
de la côte, au-dessus de la grande vallée de Rouen, son père
135 et sa mère, donnant à boire aux campagnards du pays. Il leur
avait envoyé cinq mille francs en héritant du comte de Vaudrec. Il allait maintenant leur en envoyer cinquante mille ; et
ils achèteraient un petit bien. Ils seraient contents, heureux.

L'evêque avait terminé sa harangue[7]. Un prêtre vêtu d'une
140 étole[8] dorée montait à l'autel. Et les orgues recommencèrent
à célébrer la gloire des nouveaux époux. [...]

Bel-Ami, à genoux, à côté de Suzanne, avait baissé le front.
Il se sentait en ce moment presque croyant, presque religieux,
plein de reconnaissance pour la divinité qui l'avait

4. Celui qui vient d'être nommé à la suite
de l'occupation de cette ville par les Français.
5. Homélie.
6. Prêtres.

7. Discours solennel.
8. Bande d'étoffe que portent les évêques
et les prêtres dans l'exercice de certaines
fonctions liturgiques.
9. Chambre des Députés.

145 ainsi favorisé, qui le traitait avec ces égards. Et sans savoir au juste à qui il s'adressait, il la remerciait de son succès.

Lorsque l'office fut terminé, il se redressa, et donnant le bras à sa femme, il passa dans la sacristie. Alors commença l'interminable défilé des assistants. Georges, affolé de joie,
150 se croyait un roi qu'un peuple venait acclamer. Il serrait des mains, balbutiait des mots qui ne signifiaient rien, saluait, répondait aux compliments : « Vous êtes bien aimable. » [...]

La foule coulait devant lui comme un fleuve. Enfin elle s'éclaircit. Les derniers assistants partirent. Georges reprit le
155 bras de Suzanne pour retraverser l'église.

Elle était pleine de monde, car chacun avait regagné sa place, afin de les voir passer ensemble. Il allait lentement, d'un pas calme, la tête haute, les yeux fixés sur la grande baie ensoleillée de la porte. Il sentait sur sa peau courir de
160 longs frissons, ces frissons froids que donnent les immenses bonheurs. Il ne voyait personne. Il ne pensait qu'à lui.

Lorsqu'il parvint sur le seuil, il aperçut la foule amassée, une foule noire, bruissante, venue là pour lui, pour lui Georges Du Roy. Le peuple de Paris le contemplait et
165 l'enviait.

Puis, relevant les yeux, il découvrit, là-bas, derrière la place de la Concorde, la Chambre des députés. Et il lui sembla qu'il allait faire un bond du portique de la Madeleine au portique du Palais-Bourbon[9].

Extrait de la deuxième partie, chapitre X.

Illustration de Jean-Émile Laboureur (1877-1943) pour *Bel-Ami*, éd. de 1934.

Comprendre le texte

1. Que nous apprend Maupassant au début de ce chapitre et de quelle manière ? Relevez les verbes, les expressions qui nous restituent le climat des milieux parisiens où circulent ces informations.

2. Quelles transformations s'opèrent au sein de *La Vie Française* ? Quel rôle y joue à présent Bel-Ami ? Sous quel titre est-il à présent connu dans la bonne société ?

3. Montrez à l'aide d'exemples que la cérémonie du mariage est présentée comme une pièce de théâtre avec son minutage, ses acteurs, ses figurants et une mise en scène où ne manquent ni la lumière ni la musique ni les bruitages.

4. À quels détails comprend-on qu'il s'agit d'un riche mariage ?

5. Que nous apprennent les cancans de Norbert de Varenne sur la destinée de Madeleine ? Quel aspect du caractère de cette femme est confirmé avec humour par le journaliste ?

6. *La mariée* : quels procédés de mise en scène, issus de la cérémonie elle-même, sont mis à profit par l'auteur pour nous faire sentir qu'elle est la vedette du jour ? Pourquoi Maupassant insiste-t-il sur l'aspect « joujou » de la jeune femme ?

7. *L'évêque* : que veut nous faire comprendre l'auteur en décrivant soigneusement le physique du prélat, ses gestes et son « allocution » ?

8. *Le marié* : quels différents facteurs le remplissent d'orgueil ? Quel est l'intérêt de l'évocation des parents Duroy à ce moment du récit ? Relevez les images frappantes qui dépeignent « l'état second » de Georges ?

9. Montrez comment le rythme des phrases et le choix des mots traduisent la marche triomphale du marié. Quelle vision, à la sortie de la Madeleine, transforme le bonheur de Bel-Ami en apothéose ? Quelle est la signification de son regard à la Chambre des députés ?

Analyser les techniques d'écriture

L'art du récit

En relisant le déroulement de la cérémonie, observez avec quelle habileté Maupassant introduit successivement tous les protagonistes et réussit à les particulariser sans jamais perdre de vue le cérémonial dans lequel ils s'insèrent.

La composition d'un paragraphe

Relisez la marche triomphale de Bel-Ami au sortir de l'église (l. 147 à 169) et relevez les éléments dont se sert Maupassant pour traduire l'exaltation du héros : images, emploi des pronoms personnels, alternance des rythmes (phrases longues ou courtes), musique de certaines syllabes.

Étudier le vocabulaire

L'univers magique des sons

Dans cette église où il n'est pas permis de parler haut, les sons les plus menus sont chargés de signification, tandis que les sons éclatants (musique, discours) sont amplifiés et répercutés par les voûtes de l'édifice.
– Recensez les différents sons qui peuplent le déroulement de la cérémonie en notant les mots et les métaphores utilisés par Maupassant pour frapper notre oreille ou la charmer.

S'exprimer

Débat : les critères de la réussite

– Qu'est-ce que réussir, selon les critères de Bel-Ami ? Quels moyens pas toujours recommandables emploie-t-il pour parvenir à une situation sociale enviée ?
– Qu'est-ce que réussir, à notre époque, pour un P.D.G, un champion, un acteur, un animateur de télévision ? En prenant des exemples précis, tirés d'échos parus dans les médias, analysez les avantages et les inconvénients de ce type de réussite.
– Qu'est-ce que réussir, selon vous ? Pensez-vous que l'argent et la renommée soient les seuls éléments qui importent dans la vie d'un homme ou d'une femme ? Peut-il exister une « réussite intérieure », celle qu'on ambitionne pour soi-même et les siens en dehors de toute consécration par la société ?

Se documenter

Un personnage littéraire : l'arriviste

Plusieurs romans célèbres et de grands films ont pour héros principal un jeune ambitieux prêt à tout pour réussir.
Recherchez quelques titres et comparez le caractère et la destinée de ces arrivistes à ceux de Bel-Ami.

DEUXIÈME PARTIE

LE JOURNALISME

Introduction

Dans *Bel Ami*, Maupassant évoque le journalisme des années 1880 et fait la satire d'une certaine forme de journalisme. Mais en quatre siècles d'existence, la presse a connu bien des évolutions et les textes proposés offrent des approches variées d'un métier prestigieux, souvent décrié et pourtant mal connu.

Car avec l'apparition de la radio et de la télévision, le journalisme s'est diversifié, et la presse écrite, jadis considérée comme le « quatrième pouvoir », a perdu une partie de son influence. Cependant, même si beaucoup de Français se contentent des informations dispensées par les bulletins radio du matin et le journal télévisé du soir, d'autres continuent à chercher dans les quotidiens des sujets de réflexion, tandis qu'une masse de lecteurs reste fidèle à ces magazines remplis de jolies histoires qui sont les héritiers directs de la presse populaire du XIXᵉ siècle.

Honoré de Balzac
Une leçon de journalisme

Dans son roman les Illusions perdues, *paru en 1837, Balzac
raconte les mésaventures de Lucien de Rubempré, jeune pro-
vincial monté d'Angoulême à Paris pour y chercher la fortune
et la gloire littéraire.*

*Poète, Lucien rêve de conquérir la renommée avec son
recueil de sonnet « Les Marguerites ». Hélas, aucun éditeur
ne veut publier cette œuvre et le jeune homme, autant pour
survivre que pour exercer sa plume, commence à écrire des
articles pour le journal que dirige son ami Lousteau.*

— Eh ! bien, enfant, dit Lousteau qui le suivit, sois donc
calme, accepte les hommes pour ce qu'ils sont, des moyens.
Veux-tu prendre ta revanche ?

— À tout prix, dit le poète.

5 — Voici un exemplaire du livre de Nathan que
Dauriat[1] vient de me donner. La seconde édition paraît
demain ; relis cet ouvrage et broche[2] un article qui le démo-
lisse. Félicien Vernou ne peut souffrir Nathan dont le succès
nuit, à ce qu'il croit, au futur succès de son ouvrage. Une
10 des manies de ces petits esprits est d'imaginer que, sous le
soleil, il n'y a pas de place pour deux succès. Aussi fera-t-il
mettre ton article dans le grand journal auquel il travaille.

— Mais que peut-on dire contre ce livre ? Il est beau, s'écria
Lucien.

15 — Ha ! ça, mon cher, apprends ton métier, dit en riant
Lousteau. Le livre, fût-il un chef-d'œuvre, doit devenir sous
ta plume une stupide niaiserie, une œuvre dangereuse et mal-
saine.

— Mais comment ?

20 — Tu changeras les beautés en défauts.

— Je suis incapable d'un pareil tour de force.

— Mon cher, un journaliste est un acrobate, il faut t'habi-
tuer aux inconvénients de l'état. Tiens, je suis bon enfant,

---

1. Éditeur renommé qui vient de refuser le
manuscrit des « Marguerites » sans même
s'être donné la peine de le lire.
2. Compose en vitesse.

moi ! Voici la manière de procéder en semblable occurrence[3].
25   Attention, mon petit ! Tu commenceras par trouver l'œuvre
belle, et tu peux t'amuser à écrire alors ce que tu en penses.
Le public se dira : Ce critique est sans jalousie, il sera sans
doute impartial. Dès lors le public tiendra ta critique pour
consciencieuse. Après avoir conquis l'estime de ton lecteur,
30   tu regretteras d'avoir à blâmer le système dans lequel de
semblables livres vont faire entrer la littérature française. La
France, diras-tu, ne gouverne-t-elle pas l'intelligence du
monde entier ? Jusqu'aujourd'hui, de siècle en siècle, les écrivains français maintenaient l'Europe dans la voie de l'ana-
35   lyse, de l'examen philosophique, par la puissance du style et
par la forme originale qu'ils donnaient aux idées. Ici, tu places, pour le bourgeois, un éloge de Voltaire, de Rousseau,
de Diderot, de Montesquieu, de Buffon. [...]
    Une fois sur ce terrain, tu lances un mot qui résume et
40   explique aux niais le système de nos hommes de génie du
dernier siècle, en appelant leur littérature une *littérature
idéée*. Armé de ce mot, tu jettes tous les morts illustres à la
tête des auteurs vivants. Tu expliques alors que de nos jours
il se produit une nouvelle littérature où l'on abuse du dialo-
45   gue (la plus facile des formes littéraires), et des descriptions
qui dispensent de penser. [...] Tu feras tomber cette argumen-
tation sur Nathan, en démontrant qu'il est un imitateur et n'a
que l'apparence du talent. [...]
    Mais n'oublie pas de terminer en ayant l'air de plaindre
50   dans Nathan l'erreur d'un homme à qui, s'il quitte cette voie,
la littérature contemporaine devra de belles œuvres.
    Lucien fut stupéfait en entendant parler Lousteau : à la
parole du journaliste, il lui tombait des écailles des yeux, il
découvrait des vérités littéraires qu'il n'avait même pas soup-
55   çonnées.
    – Mais ce que tu me dis, s'écria-t-il, est plein de raison et
de justesse.
    – Sans cela, pourrais-tu battre en brèche le livre de
Nathan ? dit Lousteau. Voilà, mon petit, une première forme
60   d'article qu'on emploie pour démolir un ouvrage. C'est le
pic du critique. Mais il y a bien d'autres formules ! ton édu-
cation se fera. [...]

---

3. Occasion.

Les paroles d'Étienne avaient été comme un flambeau pour Lucien, à qui le désir de se venger de Dauriat tint lieu de
65 conscience et d'inspiration. Trois jours après, pendant lesquels il ne sortit pas de la chambre de Coralie[4] où il travaillait au coin du feu, servi par Bérénice[5], et caressé dans ses moments de lassitude par l'attentive et silencieuse Coralie, Lucien mit au net un article critique, d'environ trois colon-
70 nes[6], où il s'était élevé à une hauteur surprenante. Il courut au journal, il était neuf heures du soir, il y trouva les rédacteurs et leur lut son travail. Il fut écouté sérieusement. Félicien ne dit pas un mot, il prit le manuscrit et dégringola les escaliers.
75 — Que lui prend-il ? s'écria Lucien.

— Il porte ton article à l'imprimerie ! dit Hector Merlin, c'est un chef-d'œuvre où il n'y a ni un mot à retrancher, ni une ligne à ajouter.

— Il ne faut que te montrer le chemin ! dit Lousteau.

80 — Je voudrais voir la mine que fera Nathan demain en lisant cela, dit un autre rédacteur sur la figure duquel éclatait une douce satisfaction. [...]

Le lendemain, au moment où Lucien déjeunait avec Coralie, il entendit un cabriolet[7] dont le bruit net dans sa rue assez
85 solitaire annonçait une élégante voiture, et dont le cheval avait cette allure déliée[8] et cette manière d'arrêter qui trahit la race pure. De sa fenêtre, Lucien aperçut en effet le magnifique cheval anglais de Dauriat, et Dauriat qui tendait les guides à son groom avant de descendre.
90 — C'est le libraire[9], cria Lucien à sa maîtresse. [...]

— Monsieur, avez-vous déjeuné, voulez-vous nous tenir compagnie ? dit l'actrice.

— Mais oui, nous causerons mieux à table répondit Dauriat. D'ailleurs, en acceptant votre déjeuner, j'aurai le droit de
95 vous avoir à dîner avec mon ami Lucien, car nous devons maintenant être amis comme le gant et la main.

— Bérénice ! des huîtres, des citrons, du beurre frais, et du vin de Champagne, dit Coralie.

---

4. Charmante actrice, maîtresse de Lucien.
5. Femme de chambre de Coralie.
6. Sections qui divisent verticalement une page de journal.

7. Voiture à cheval, à deux roues et capote mobile.
8. Souple, aisée.
9. Éditeur.

– Vous êtes homme de trop d'esprit pour ne pas savoir ce
100 qui m'amène, dit Dauriat en regardant Lucien.
– Vous venez acheter mon recueil de sonnets ?
– Précisément, répondit Dauriat. Avant tout, déposons les
armes de part et d'autre.
Il tira de sa poche un élégant portefeuille, prit trois billets
105 de mille francs, les mit sur une assiette, et les offrit à Lucien
d'un air courtisanesque[10] en lui disant : – Monsieur est-il
content ?
– Oui, dit le poète qui se sentit inondé par une béatitude
inconnue à l'aspect de cette somme inespérée.
110 [...]
– Ainsi, les Marguerites sont à moi ? dit le libraire. Mais
vous n'attaquerez jamais aucune de mes publications.
– Les Marguerites sont à vous, mais je ne puis engager
ma plume, elle est à mes amis, comme la leur est à moi.
115 – Mais, enfin, vous devenez un de mes auteurs. Tous mes
auteurs sont mes amis. Ainsi vous ne nuirez pas à mes affaires
sans que je sois averti des attaques afin que je puisse les
prévenir.
– D'accord.
120 – À votre gloire ! dit Dauriat en haussant son verre.
– Je vois bien que vous avez lu les Marguerites, dit Lucien.
Dauriat ne se déconcerta pas.
– Mon petit, acheter les Marguerites sans les connaître
est la plus belle flatterie que puisse se permettre un libraire.
125 Dans six mois, vous serez un grand poète ; vous aurez des
articles, on vous craint, je n'aurai rien à faire pour vendre
votre livre. Je suis aujourd'hui le même négociant d'il y a
quatre jours. Ce n'est pas moi qui ai changé ; mais vous : la
semaine dernière, vos sonnets étaient pour moi comme des
130 feuilles de choux[11], aujourd'hui votre position en a fait des
Messéniennes[12].

Balzac, *Illusions perdues*, 1837.

---

10. Avec un sourire obséquieux de courtisan.
11. Écrits de peu de valeur.
12. Titre d'un recueil (1818 à 1822) de C. Delavigne faisant allusion à l'oppression des Messéniens par les Spartiates. Ce recueil développant des idées de patriotisme, de libéralisme et d'indépendance, connut un réel succès à l'époque.

Comprendre le texte

1. De quelle manière Lousteau commence-t-il et termine-t-il un article de critique littéraire ? Quelle image veut-il donner de lui-même par ce procédé ?

2. Quelles motivations incitent Dauriat à publier un manuscrit qu'il n'a pas lu ? En quoi son comportement est-il une préfiguration des techniques de marketing employées par certains éditeurs actuels ?

S'exprimer

Débat : la critique littéraire

Cette forme particulière de journalisme a fait très tôt son apparition dans les journaux. Sous l'Ancien Régime, beaucoup de périodiques remplissaient leurs colonnes avec des comptes rendus critiques de livres récemment publiés, au grand dépit des écrivains qui acceptaient mal de se voir jugés par des gens qu'ils estimaient dépourvus de talents littéraires. Ainsi commence une guerre entre littérateurs et gazetiers – illustrée par le féroce conflit entre Voltaire et Fréron – qui atteindra son paroxysme à l'époque romantique, période où Balzac écrit justement les *Illusions perdues*...

Située après la révolution de 1830, cette époque correspond à une évolution de la société et à un développement parallèle de la presse et de son influence. L'activité journalistique, autrefois laissée à des tâcherons plus ou moins méprisés, acquiert un certain prestige, et les écrivains ne dédaignent plus de collaborer avec les journaux.

Cette tendance à confondre deux métiers différents (le journalisme et la littérature) s'est accélérée de nos jours. Un journaliste qui s'est fait un nom dans un quotidien, un hebdomadaire ou une émission de T.V. trouvera plus facilement un éditeur pour publier ses livres. Et c'est à lui qu'on demandera d'animer des émissions littéraires sur les chaînes télévisées.

– Avez-vous déjà regardé une émission littéraire à la télévision ? Qui en était l'animateur ? Comment s'y prenait-il pour faire parler les écrivains invités et donner aux téléspectateurs l'envie de lire le livre ? En vous inspirant de ce type d'émission, réunissez-vous à cinq ou six camarades et organisez un débat autour d'un livre que vous aurez tous lu.

Lucien Bodard

Dans une salle de rédaction

Né en 1914 à Tchoung-King, en Chine, Lucien Bodard a mené une double carrière de journaliste et d'écrivain. Grand reporter à France-Soir, *il a « couvert » tous les événements brûlants du demi-siècle.*

Se démarquant d'une œuvre littéraire essentiellement tournée vers l'Orient, La Chasse à l'ours *est un récit autobiographique féroce et désabusé, où Bodard narre sa vie quotidienne de journaliste partagée entre les aventures en terre lointaine et les intrigues inhérentes à la jungle parisienne des mass média.*

Le couloir s'étire sur une cinquantaine de mètres. D'un côté, des bureaux pour les chefs, de l'autre un long panneau en verre dépoli. Une seule brèche pour entrer dans la salle de rédaction tout alvéolée[1], découpée en espaces attribués aux
5 divers services. Odeurs de colle, de papier, de bazar. Partout des cendriers. L'air est chargé des relents de mégots mal éteints. Nervosité, bruits... cliquetis de claviers, stridences de téléphones, rumeurs de discussions, ordres cassants, répliques du tac au tac, clameurs excitées, engueulades. Là,
10 le « desk », les sédentaires[2] du journal, un tas de gens assis, debout, devant des tables très simples, chargées de machines à écrire, de feuillets entassés, de produits de papeterie. Des chaises, des fauteuils, un matériel très ordinaire qui suffit à ce monde pour s'activer sur les touches ou le stylo, ou bien
15 attendre, ne faisant rien, jusqu'à ce que ça barde. Il règne une étrange ambiance nonchalante, un mélange d'un peu d'ennui, d'attention sur le qui-vive, de vieille accoutumance et d'électricité statique. La plupart d'entre eux, cantonnés dans des tâches subalternes[3], ont des mines pauvres, embau-
20 ment le rance, on dirait des employés aux écritures du genre collet monté. Ils se jugent, ils se flairent, très respectueux

---

1. Divisée en cellules ou compartiments.
2. Journalistes qui ne partent jamais à l'extérieur pour des reportages et se consa-
crent à des tâches de rédaction ou de correction.
3. Laissant peu de place à l'initiative.

les uns des autres, comme au-delà de la hiérarchie, avec leurs propres us et coutumes, très attachés à leur dignité petite-bourgeoise. Entre eux, pas tellement de familiarité, plutôt un
25 faux bon garçonnisme qui cache les susceptibilités exacerbées, les résignations amères, les arrivismes pelotards. Mais tous partagent la même passion maladive de la « news », et il faut les voir quand éclate l'information. Alors les cervelles fusent. Eux, si convenables, si appliqués, d'un coup s'exas-
30 pèrent, toutes perceptions avivées, tout acuité[4]. Leur vision de l'univers, ce sont les dessous des choses, les dessous des dessous, une suite infinie de dessous. Tout en se réclamant de l'exigeante honnêteté, ils sont cyniques, obsédés par l'inavouable, ils en vivent. [...]
35   Traînaillent aussi dans le bocal du « desk », les reporters revenus de vadrouille. Modestie ostensible[5] et désinvolture gentille, mais inquiétude toujours pour leur renom. La faune complexe des maraudeurs, gens du voyage et boueux de l'information, avec son échelle et ses grades. On y trouve
40 tous les degrés du journalisme. La piétaille[6] des tout petits bons à tout qui font les « marronniers », c'est-à-dire l'insignifiant et la corvée. Les caporaux du fait divers qui vont dans les banlieues tarabuster le cadavre, avec parmi eux quelques gradés célèbres, champions du suspense et du meur-
45 tre bien choisi, qui savent maintenir la France dans les transes du feuilleton noir. Et puis les généraux, les grands reporters dont je suis. Peu nombreux. Ceux que l'on envoie aux confins de l'univers pour des millions et des millions de cadavres, quêteurs de vérité qui cherchent à résoudre les énormes et
50 les infâmes secrets. Mais, comme la vérité n'existe pas, ils jonglent avec les apparences, ils créent avec leurs mots des images délectables ou affreuses, éternels funambules dansant sur la corde raide de leur talent, menacés à tout moment du fiasco et de la rétrogradation : qu'ils se trompent, que sim-
55 plement l'imagination leur manque, et aussitôt c'est le rappel à Paris, la mise à pied[7], ils redeviennent de vulgaires sous-fifres dépendants d'un fifre plus important.

Lucien Bodard, *La Chasse à l'ours*, éd. Bernard Grasset, 1985.

---

4. Sensibilité très vive.   7. Renvoi.
5. Montrée, affichée.
6. Terme désignant les fantassins sans grade.

Comprendre le texte

1. Comment procède Lucien Bodard pour nous faire sentir l'ambiance qui règne dans « le desk » ? Relevez quelques expressions imagées.

2. Quelle est notre première impression en ce qui concerne les sédentaires (l. 9 à 34) ? Quelles observations de l'auteur corrigent ensuite cette impression initiale et approfondissent le portrait de ces journalistes ?

3. Quel événement transforme radicalement le comportement des gens du « desk » ? En quoi cette transformation nous éclaire-t-elle sur la véritable personnalité de ces journalistes de l'ombre ?

4. Montrez, à l'aide d'exemples puisés dans le texte, que les reporters (l. 35 à 50) sont différents des sédentaires autant sur le plan de l'apparence que sur celui des fonctions.

5. Pour nous rendre sensibles à la hiérarchie qui régit le milieu du journalisme, Bodard utilise une « métaphore filée », c'est-à-dire une suite d'images se rapportant au même thème. Quel est ce thème ? Qu'apprenons-nous, grâce à cette série de métaphores, sur les différentes catégories de reporter ? Et sur la réalité quotidienne de leur travail ?

6. Quelle vision Bodard nous donne-t-il sur ce métier qui est le sien ? Étayez votre réponse avec des expressions et des images puisées dans le texte.

Analyser les techniques d'écriture

Le style journalistique

Grand reporter de formation, l'écrivain Lucien Bodard possède un style modelé par des années de pratique journalistique. Le style journalistique affectionne les phrases courtes, les mots choc (très brefs ou chargés de sens), les néologismes (mots nouveaux) et les métaphores qui frappent l'imagination et retiennent l'attention du lecteur.
– En relisant le texte de Bodard, cherchez des exemples qui illustrent ce style journalistique.
– À votre tour, à propos d'un incident survenu dans votre lycée ou votre quartier, composez un récit où vous utiliserez le style journalistique des reporters.

S'exprimer

Rédaction : la description d'une ambiance

Pour nous faire ressentir l'ambiance particulière qui règne dans le « desk », Lucien Bodard situe brièvement le lieu dans un espace donné, puis il assaille notre nez, nos oreilles, puis nos yeux, avec une profusion de sensations d'autant plus prégnantes qu'elles sont exprimées par des phrases courtes, hachées, où les mots sont assénés comme des boulets de canon. Parmi ces mots toujours bien choisis, le nom précis et l'adjectif pittoresque tiennent la vedette.

– En vous inspirant de ces procédés, décrivez l'ambiance d'un endroit fourmillant d'activité : un marché, une fête foraine, une foire exposition.

Se documenter

Enquête dans une salle de rédaction

Le « desk », tel qu'il est décrit par Bodard dans ce passage (l. 3 à 15), restitue une organisation du travail antérieure à la révolution informatique qui a bouleversé la fabrication des journaux. Si vous visitez aujourd'hui une salle de rédaction, vous n'y verrez plus de machines à écrire, mais des terminaux informatiques avec clavier et petit écran, devant lesquels secrétaires de rédaction et maquettistes (les sédentaires) accomplissent des tâches complexes à partir des articles fournis par les reporters.

– Essayez avec votre classe d'organiser une visite dans les locaux d'un journal qui vous apprendra en quoi consiste le travail de ces journalistes méconnus que sont les secrétaires de rédaction et les maquettistes.

● Bibliographie

– « Les métiers du journalisme », Odile Conseil, *L'Étudiant*, 1987.

Yves Courrière

Sur la piste des esclaves

Écrivain et grand reporter, Yves Courrière a été le confident du célèbre romancier Joseph Kessel *(1898-1979), lui aussi grand reporter. Dans la biographie monumentale de son ami Kessel, Yves Courrière retrace ici l'épisode concernant le reportage sensationnel que fit Kessel, en 1930, pour dénoncer le trafic d'esclaves qui existait encore en Éthiopie.*

Kessel, pour ce reportage difficile dans une Éthiopie mal connue, s'entoura d'une équipe de spécialistes : Émile Peyré, médecin parlant l'arabe ; Lablache-Combier, photographe ; Gilbert Charles, chroniqueur. Il prit contact également avec l'aventurier Henry de Montfreid qui accepte de lui ouvrir le réseau de ses relations plus ou moins louches : Aziz, ancien trafiquant d'esclaves et Saïd, marchand d'esclaves.

Tandis qu'ils parcouraient les ruelles du village où, sur la grande place, la population armée de fléaux battait le grain de *doura*, Saïd révéla au journaliste français comment il se procurait les esclaves :

5   – J'ai deux moyens. Quand un village est trop pauvre ou son chef trop avare pour payer l'impôt, il s'adresse à moi. Je donne l'argent et je prends des esclaves. L'autre moyen est d'avoir des chasseurs courageux. Quand j'ai réuni le nombre de têtes suffisant, je les rassemble dans un entrepôt comme

10 celui-ci.

Ils étaient arrivés dans une cour où quelques planches traînaient par terre. Saïd les souleva et Kessel, en se penchant sur le trou profond qu'elles masquaient, vit quatre femmes endormies. Dans une cave voisine, gardés par un convoyeur

15 au visage farouche, six esclaves étaient étendus. Dans la suivante, ils étaient trois.

– C'est très utile ces caches, dit Saïd en lissant sa barbe noire. Les esclaves, qui font de longues étapes à pied, se reposent mieux. Je ne suis pas forcé de les attacher et ils

20 arrivent en meilleur état à la mer Rouge.

Lablache-Combier prenait des photos. Kessel notait fébrilement les paroles que traduisait le Dr Peyré. Enfin ils y étaient ! Les phrases sèches des rapports de la S.D.N. se traduisaient en images, en visages, en odeurs. Et Saïd, le

25 trafiquant de chair humaine, était bien l'ami promis par Montfreid et le vieil Aziz. Kessel n'avait pas à le juger. Fidèle à son éthique[1] journalistique née de l'expérience irlandaise[2] –

---

1. Morale.
2. L'Irlande en rebellion contre l'Angleterre a été le premier grand reportage de Joseph Kessel.

« un reporter ne trahit jamais ni ses sources ni ses informateurs », disait Desmond Fitzgerald – Jef recommanda à Lablache de ne prendre aucune photo de Saïd ni des convoyeurs armés. « Je n'avais pas le droit de compromettre un homme à qui j'étais envoyé en ami, écrira-t-il plus tard. Celui qui se livre à nous avec confiance ne peut être trahi, quel que soit son métier ou sa vie. [...]

Sensible à cette attitude, Saïd, le lendemain à l'aube, confia ses hôtes français à un vieillard sec et nerveux, et à un jeune chasseur nommé Sélim, « adolescent qui par la puissance de ses muscles et par son rictus ressemblait à un animal de proie ».

– Puisque tout cela vous fait plaisir à voir et que vous ne craignez pas la fatigue, vous pouvez accompagner la chasse de Sélim, dit Saïd avec un sourire débonnaire.

Une journée de train d'enfer à la suite de ces deux diables noirs qui ne connaissaient ni lassitude ni répit, et Kessel, Lablache, Peyré et « le doux poète » Gilbert Charles, harassés, ruisselants, la chemise et le short en lambeaux, se retrouvèrent au crépuscule devant une vallée miraculeuse où serpentait un petit cours d'eau. L'herbe y était grasse, les bouquets d'arbres verdoyants. Sur le versant opposé, de minuscules silhouettes de femmes conduisaient un troupeau tintinnabulant[3] du pâturage vers quelque hameau perdu dans la montagne. Incapable de communiquer avec Sélim, qui parlait un idiome[4] inconnu d'Émile Peyré, Kessel renonça à lui demander de quel animal il préparait l'affût. Dans un buisson touffu l'adolescent avait taillé au poignard un passage étroit, puis l'avait élargi en une sorte de tente feuillue et piquante. Après avoir mangé quelques galettes et bu de l'eau de la rivière, Kessel y passa auprès de ses compagnons une nuit inoubliable « de commencement du monde ». [...]

Au réveil, les quatre hommes virent Sélim à plat ventre à l'entrée du couloir étroit. Tel un jaguar, il épiait, les muscles immobiles, les yeux rivés au sentier, la main crispée sur un morceau de cotonnade. Comme la veille au soir les clochettes du troupeau tintèrent faiblement... leur bruit se rapprocha... des bœufs, puis des chèvres passèrent près du buisson d'épineux... et Sélim bondit.

---

3. Bruit des grelots attachés au cou des animaux.   4. Langue.

La fillette qui suivait le troupeau n'avait pas eu le temps de pousser un cri. Bâillonnée, entravée par la cotonnade, elle n'était qu'un mince paquet sans défense sur l'épaule de Sélim
70 qui gravissait la sente avec l'habileté d'un chamois. [...]

Pour le journaliste Kessel c'était un « scoop » sans précédent. Pour l'homme, c'était un problème moral qu'il résolut dès son retour chez Saïd. Tout en remerciant chaleureusement son hôte de cette « chasse » exceptionnelle, il négocia le
75 rachat de la jeune fille. Jolie et bien faite, Saïd l'estima à quatre-vingts livres, livrée en Arabie. Mais les risques du voyage étaient grands. Kessel obtint l'adolescente pour trente livres et la promesse qu'elle serait ramenée dans la vallée heureuse. Saïd s'y engagea et donna immédiatement les
80 ordres nécessaires.

Pas un instant Kessel ne douta de l'honneur d'un homme qui lui faisait confiance au point de révéler que Sélim, son « chasseur courageux », était reparti capturer un jeune garçon pour compléter la réserve d'esclaves, et n'hésitait pas à lui
85 donner l'itinéraire exact de la caravane qui avait quitté dans la nuit le village aragouba.

Yves Courrière, *Joseph Kessel ou Sur la piste du lion*, éd. Plon, 1985.

Se documenter

La saga des grands reporters

C'est un journal américain, le *New York Herald*, qui lance à la fin du XIXe siècle une nouvelle forme de journalisme qui consiste à se rendre sur place pour en rapporter des informations recueillies de première main. Le premier reportage de ce type a lieu en 1871 au Tanganyka : *Stanley*, au bout de huit mois d'efforts, y retrouve l'explorateur *Livingstone* disparu depuis six ans et prononce la phrase désormais célèbre : « Dr Livingstone, I suppose ? »

Cet exploit, qui fait grand bruit à l'époque et assure la gloire du *New York Herald*, donne des idées aux patrons de presse. Désormais, chaque grand journal a ses *envoyés spéciaux* qui sillonnent le monde et se servent du télégraphe et du téléphone pour transmettre l'actualité à chaud. Le plus célèbre de ces « grands reporters » est *Albert Londres* qui, de 1914 à 1932, va assurer la « couverture » de nombreuses guerres, mais aussi dénoncer la traite des blanches en Argentine et les horreurs du bagne de Cayenne.

Michèle Manceaux

Un reportage télévisé

Journaliste et romancière, Michèle Manceaux a aussi réalisé différents reportages pour la télévision dans les années 70.
Le passage qui suit a le mérite de narrer les à-côtés d'un reportage télévisé et d'évoquer sans tricherie les problèmes de conscience qui peuvent alors se poser à l'équipe de tournage.

À Hasnon, village minier du Nord, je réalisais avec Ange Casta une émission de télévision pour la série : « Les femmes, aussi[1] », sur le thème : « Quatre générations de femmes sous le même toit ». Après avoir repéré[2] des familles en
5   Provence, dans l'espoir d'y pratiquer un tournage agréable et ensoleillé, je renonçai à la facilité de la truculence pour virer à 180° vers le Nord où j'entrevoyais la possibilité d'un ressort dramatique plus complexe.
    Dans le coron[3] de Hasnon, Alissia devait, hélas, me donner
10 raison. Nous avions installé les caméras dans la cuisine où l'arrière-grand-mère (75 ans) bredouillait, où la grand-mère (50 ans) commandait, où Alissia la mère (30 ans) se taisait, où la fille (10 ans) jouait. Pendant trois semaines, nous saisissions des scènes quotidiennes de la vie de ces femmes. Un
15 seul homme sous ce toit, le mari d'Alissia, un mineur qui ne ressortait de sous terre que pour dormir et manger. Comme nous les filmions au cours de son repas et lui demandions si le plat était savoureux, il répondit avec un sourire édenté : « Oh, moi, ce que je mange, c'est pour remplir. » Seul homme,
20 ce fantôme exploité jusqu'à l'os, qui toussait entre deux bouchées avant de mourir de silicose[4]. [...]

---

1. Série télévisée qui rencontra dans les années 60/70 un grand succès, car elle montrait, le statut des femmes dans la société d'alors.
2. Le repérage est le stade préparatoire d'un reportage : il permet de prendre contact avec les futurs interviewés.

3. Les corons sont les petites maisons des mineurs construites au XIXᵉ siècle et toutes identiques.
4. Maladie fréquente chez les mineurs : elle est dûe à l'action néfaste des poussières de silice sur les poumons.

Je vais le long du coron, de maison en maison. La même cafetière sur le coin de la gazinière. Quatorze maisons : cent trois enfants, presque dix par femme. L'une d'elles accouche
25 tous les ans, en été. Elle dit : « L'hôpital, c'est bien. Ça me fait des vacances. » Alissia, toujours, se tait. Elle n'a que quatre enfants. Son mari a dû lui faire l'amour quatre fois. Je fais la lessive avec Alissia, je ne la quitte pas. Un jour, elle se décide à parler. J'entends le mot prison, le mot solitude, le mot amour
30 aussi. Elle parle d'un ouvrier, d'un jeune homme avec une bicyclette qui passe chaque soir vers dix-sept heures, qui fait tinter son grelot au bout du coron. Alors Alissia change ses chaussons pour des talons hauts et va se promener le long des autres corons avec le jeune homme qui tient son vélo à la
35 main. Alissia vit pour, à cause, grâce à cette promenade. Le samedi et le dimanche, l'équipe de tournage rentre à Paris. [...]

Le lundi, quand nous rentrons, je ne revois plus Alissia. Pendant ce week-end où elle ne s'est pas évadée comme nous, Alissia a tenté de se suicider. D'avoir formulé sa détresse, elle
40 ne l'a pas supportée. Elle résistait en se taisant. Ma responsabilité est engagée.

Comme journaliste, je fais parler les gens. Je les emmène au plus près d'eux-mêmes, je leur fais voir souvent ce qu'ils se cachent. Ce en quoi on dit que je suis une bonne journaliste.
45 Mais après, les gens, je les abandonne. Je passe à d'autres. Je fais une consommation immense de gens. Je les épuise, je les prends, je les laisse. Je manipule en toute bonne conscience puisque je ne mens pas. Je ne leur fais pas dire autre chose, je ne leur fais pas dire ce qu'ils ne veulent pas dire mais je
50 suis assez fine pour qu'ils veulent bien le dire. Ma rouerie[5] est extrême et simple. Je leur parle de moi. Je les entraîne sur le terrain des confidences puisque je leur en fais moi-même. Au début, ce n'était pas calculé. J'étais gênée que les gens me donnent tant d'eux-mêmes sans leur rendre quelque chose. Je
55 voulais me présenter autrement que les journalistes violeurs et insolents qui se croient tout permis. Même avec les gens célèbres, je n'y allais pas carrément. Je mettais plus longtemps que mes confrères mais je parvenais toujours à l'intimité. Une

---

5. Finesse et habileté pour obtenir ce qu'on veut sans en avoir l'air.

interview, j'en faisais toujours le début d'une amitié. Je croyais
que je m'en tirais ainsi, que je n'étais pas cette prédatrice[6]
patentée[7], porteuse de la carte n° 14954[8].

Et voilà qu'Alissia me montre que mon manège[9] est gra-
vissime, qu'il n'y a pas moyen de s'en tirer proprement quand
on pénètre dans la vie des gens. Que tout rapport est pipé[10]
dès qu'on le rapporte.

Je veux arrêter de filmer, cesser ce massacre. À la télévision,
on ne comprend pas pourquoi on arrêterait le tournage alors
qu'il est presque terminé et qu'il a déjà coûté tant d'argent.
La production s'adresse à la grand-mère, chef de famille, qui
a déjà signé l'autorisation de tourner. La grand-mère, que notre
présence distrait, assure qu'Alissia va très bien, qu'elle sera
sur pied pour continuer dans deux jours.

C'est là que je m'incline. Là que moi aussi je suis prise
dans l'engrenage, que je deviens journaliste comme les autres,
que je n'ai plus qu'à la boucler. Si je ne la boucle pas, je vais
au chômage et je manque de crever. Cela m'est arrivé. Aujour-
d'hui, je m'incline à nouveau pour bouffer. C'est le troisième
type de colère : la colère rentrée.

Pour finir le tournage, nous avons loué un mini-autocar et
nous avons emmené Alissia et ses enfants à la mer. Cela avait
l'air sympathique de leur offrir un pique-nique sur la plage.
Personne dans le coron n'avait vu la mer qui était à une cinquantaine de kilomètres. Personne ne sortait du coron.

Seulement nous avions aussi emmené des caméras et nous
ne l'avons pas ratée, Alissia, quand en apercevant la mer, elle
a fondu en larmes. Nous avons pu la filmer, toute la journée,
quand ses enfants jouaient à l'enterrer dans le sable. Nous
avons même ainsi pu gagner un prix dans un festival de télé.
Nous avions de si chouettes images. Discrètes avec ça. Nous
ne voulions pas envenimer[11] les relations d'Alissia avec ses
voisines, les mères de familles nombreuses, qui la traitaient
de pute parce qu'elle n'avait que quatre enfants, alors nous ne
filmions que la paire de chaussures à talons pour évoquer ses

---

6. Pareille aux animaux carnassiers qui se
nourrissent de proies.
7. Reconnue comme telle.
8. Il s'agit du numéro que porte la carte de
journaliste de Michèle Manceaux.

9. Jeu, procédé.
10. Truqué.
11. Rendre ces relations plus pénibles.

rendez-vous galants. Nous étions épatants.

95 Paradoxale final, nous étions félicités de la montrer cette immontrable misère, d'avoir eu le courage, l'audace, etc., d'aller là où les autres n'allaient pas. Le talent d'avoir forcé Alissia.

Michèle Manceaux, Grand reportage, éditions du Seuil, 1980.

Comprendre le texte

1. Quel événement déclenche l'introspection de la narratrice ? De quoi s'accuse Michèle Manceaux ? Quel effet veut-elle obtenir en multipliant l'emploi du pronom *Je* ?

2. Comment procède la journaliste pour mettre en confiance les personnes qu'elle interviewe ? Quelles motivations l'incitent à employer cette technique d'interview ? Que veut-elle nous faire ressentir en continuant à l'imparfait une confession commencée au présent ?

3. Quels sont les arguments de la production pour justifier la poursuite du tournage ? Pourquoi Michèle Manceaux se soumet-elle ? Comment se manifeste sa « colère rentrée » sur le plan du vocabulaire ?

4. Pour quelles raisons l'équipe de tournage offre-t-elle un pique-nique sur la plage à la famille d'Alissia ? Quelles observations de l'auteur soulignent l'ambiguïté de cette sortie au bord de la mer ?

S'exprimer

Entraînement oral : la technique de l'interview

Dans ce texte, Michèle Manceaux s'explique longuement sur la méthode qu'elle emploie pour interviewer avec succès les personnes les plus diverses.
– Existe-t-il d'autres façons d'interviewer ? En vous basant sur plusieurs émissions de radio et de télévision, comparez les méthodes de certains journalistes à celles de Michèle Manceaux : laquelle adopteriez-vous si vous deviez réaliser une interview ?
– Choisissez un sujet d'actualité, une personne à interroger et lancez-vous, si possible avec un petit magnétophone. L'enregistrement sur cassette de votre interview vous permettra de vous réécouter et de corriger peu à peu vos maladresses de débutant.

Débat : la déontologie ambiguë des grands reporters

La déontologie, que Courrière nomme « éthique » et qui préoccupe M. Manceaux dans ce récit, est l'ensemble des devoirs moraux qu'un professionnel doit respecter dans l'exercice de son métier.
– En relisant les deux textes, expliquez en quoi consiste la déontologie des deux journalistes et comment elle se manifeste dans leurs récits.
– Les principes déontologiques du grand reporter peuvent-ils parfois lui poser des problèmes de conscience ? A quel moment, dans le reportage sur l'esclavage, la déontologie de Kessel se trouve-t-elle en contradiction avec la morale de notre société ? A quels impératifs de production se heurte la déontologie de M. Manceaux ? Que font les deux journalistes pour sortir de ce dilemme ? Quelle est la portée réelle de leur réaction ?

Se documenter

L'évolution des magazines télévisés

Présente depuis quarante ans dans les foyers français, la télévision a beaucoup évolué depuis sa naissance et pas toujours dans le bon sens ! Dans les années 1960-1970, de nombreux magazines spécialisés approfondissaient l'information des téléspectateurs sur les événements d'actualité (« Cinq colonnes à la Une »), l'histoire (« La caméra explore le temps »), les problèmes de société (« Les dossiers de l'écran »), la médecine, l'économie, le cinéma, etc.
Aujourd'hui ces émissions ont disparu et n'ont pas toujours été remplacées. En revanche, un certain type d'émission, emprunté à la télévision américaine, envahit le petit écran : le *reality show*. Les gens viennent en studio et questionnés par d'habiles animateurs, confessent avec impudeur ou inconscience les problèmes – même les plus intimes – qui perturbent leur vie privée.
– Face à ce genre d'émission, peut-on encore parler d'information et de journalisme ? Ou bien s'agit-il d'*exhibitionnisme* pour ceux qui témoignent et de *voyeurisme* pour les téléspectateurs ?
– Instaurez un débat en classe sur les problèmes moraux qui se posent au journaliste audio-visuel, écartelé entre le désir d'informer, d'apporter des témoignages touchants sur des faits de société (drogue, homosexualité, mésentente des couples) et le devoir de respecter ceux qui sont prêts à témoigner et ne mesurent pas les conséquences de leur démarche.

Table des illustrations

Imprimerie de Montligeon - 61400 La Chapelle Montligeon
Dépôt légal : avril 1997 - N° 18526
N° édition : 15950